U0730666

20世纪
日本思想

广岛札记

（修订译本）

[日]大江健三郎 著

翁家慧 译

生活·讀書·新知 三联书店

图书在版编目（CIP）数据

广岛札记：修订译本 / （日）大江健三郎著；翁家
慧译 . -- 北京：生活·读书·新知三联书店，2025. 9.
(20 世纪日本思想). -- ISBN 978-7-108-07831-5

Ⅰ . E195.2

中国国家版本馆 CIP 数据核字第 20252UB262 号

策划编辑　叶　彤
责任编辑　周玖龄
装帧设计　康　健
责任校对　常高峰
责任印制　李思佳
出版发行　生活·讀書·新知 三联书店
　　　　　（北京市东城区美术馆东街 22 号 100010）
网　　址　www.sdxjpc.com
经　　销　新华书店
印　　刷　河北品睿印刷有限公司
版　　次　2025 年 9 月北京第 1 版
　　　　　2025 年 9 月北京第 1 次印刷
开　　本　880 毫米 × 1230 毫米　1/32　印张 6
字　　数　117 千字
印　　数　0,001−4,000 册
定　　价　60.00 元
（印装查询：01064002715；邮购查询：01084010542）

"20世纪日本思想"丛书总序

　　日本的20世纪，大致涵盖了大正与昭和两个时期（1912—1989），这是经历了明治维新四十年淬炼而走上成熟现代化道路的一个特殊历史单元。然而，1945年的战败给日本带来了深刻的历史断裂，以此为标志，在民族国家乃至思想文化层面仿佛形成了两个"日本"，而无论是推行帝国主义殖民扩张政策最终遭到惨败的日本，还是战后迎来国家社会重建和经济文化高度发展的日本，这一百年的光荣与悲苦，都给东亚乃至世界造成强烈震撼与冲击。然而，至今，我们对这个复杂的近邻日本依然了解不多，特别是对支撑日本民族走过20世纪波澜起伏的历程的深层观念意识和思考逻辑所知甚少。

　　1945年的战败造成日本民族国家层面的"断裂"是明显的，其中的确有一个从战前天皇制极端主义国家向战后民主市民社会转变的过程，但是，思想文化层面的情形就复杂得多了。我们大概可以用源自19世纪的一般的种族文明论和20世纪初传入的广义社会主义思想，来分别概括日本战前与战后两个阶段的主流思潮，但实际上两者往往是交叉并进、彼此渗透且前后贯通的，构成了20世纪日本人思考国家民族进路及个人与社会建构的主要依据。种族文明论为民族主义和右翼国家主义提供了理论源泉，社会主义思想则推动了各种左翼进步势力的改革实践。而两种主流思潮交叉对抗又激荡出种种不同的观念学说和思想派别，由此形成了20世纪日本思想的丰富内涵。

能否以这两个主流思潮为线索，将看似"断裂"成两段的20世纪日本的思想学术作为一个整体介绍到中国来，由此加深对这一复杂认识对象的理解呢？这是我们多年前就萌生的一个念头，为了深入了解邻国的同时代历史和精神特性，也为了推动中国日本学和东亚区域研究的发展。众所周知，比起近代日本的中国学仿佛在解剖台上从里到外洞穿观察对象般高质量的精深研究来，现代中国的日本学尚不尽如人意，始终未能形成厚重的学术传统。这当然有种种复杂的历史与现实原因，而对于构成日本民族深层观念与思考逻辑的思想学术文献缺乏系统移译和研究，恐怕是一个重要的原因。况且，如今方兴未艾的区域史研究特别是"东亚论述"，也呼唤着关于日本思想学术的深入系统的研究。

20世纪是一个非常特殊的极端年代。资本主义世界一体化格局的形成，帝国主义征服战争与被压迫民族的反抗和社会革命，导致东亚区域内的各民族在不曾有的程度上被紧紧捆绑在一起，成为矛盾抗争乃至休戚与共的利益攸关方。这是一段你中有我，我中有你，缺少任何一方都无法叙述的历史，思想文化的历史更是如此。而在崭新的区域史和"同时代"视野下，深入开发现代日本的思想资源，也将能深化我们对于自身及与他者关系的认识，由此构筑起区域和平共生的发展愿景。

为此，我们发起这套"20世纪日本思想"丛书的编译计划。丛书以20世纪为限的原因如上所述，主要是考虑发端于明治维新的日本现代思想，到了20世纪才真正有了自己的主体特征和独创内涵，并深刻塑造了日本国民的思想方式和精神构造。因此，我们聚焦20世纪日本人文社会科学中曾产生广泛的思想与社会影响，包括为各学科发展奠定了基础的那些著作，从中精选若干种而汇成这套丛书。在具体编选过程中，我们主要考虑到这样一些原则。第一，从20世纪日本学说史的角度出发，选择具有学术奠基性和理论深度与宽度的著作。而在以历史学、经济学、社会学、政治学、人类学和东洋学六大学科为主体的人文社会科学当中，我们尤其注意人文色彩浓厚而具有思想冲击力的经典著作。第二，在学说史之上我们进而侧重思想史上那些影响广泛、带有观念范式变革和思想论争、文化批判性质的作品，力图由此呈现20世纪日本思想发展的内在逻辑和阶段变化。第三，尤其注重一百年来日本学人积极思考自身与中国乃至东亚关系所取得的重要成果，包括战前对于亚洲主义的构筑和战后于反思基础上形成的新亚洲论述，以及学院内外的战前"支那学"与战后中国学等。第四，也适当选择一些直击社会实际问题、带有纪实和评论性质的作品，它们以直接叩问当下的方式促进观念的转变和意识的更新，同样具有重要的思想史意涵。

总之，学术经典性、思想史价值、社会影响力是我们做出判断与选择的基本标准。需要说明的是，某些重要的著作由于已有很好的中译本，为避免资源浪费，虽遗憾而不再收录。同时，受限于知识学养，选目容有罅漏，还望学术界方家指正。

赵京华

2021 年 11 月 30 日于北京

后世的人啊，谁能理解

在我们知道了光明之后，还会再次陷入这样的黑暗

——塞巴斯蒂安·卡斯泰利奥

《应该怀疑什么？相信什么？》

没人告诉我爆炸中心的情况

全书插图引自丸木位里、赤松俊子《原子弹》(波茨坦书店，1950年8月6日)

目录

前往广岛

……

一道闪光……轰隆……从市内到郊外，以惊人的势头跑在最前面的是牛群

　　从个人的事情入手来写这样一本书，似乎有些欠妥。然而本
书收录的所有和广岛有关的随笔，不论是对我个人，还是对始终
跟我一起从事这项工作的编辑安江良介[①]君来说，都是触动我们
心灵最深处的东西。因此，我想先说明一下1963年夏天我们第
一次出发去广岛时各自的情况。当时，我的大儿子正躺在玻璃箱
里与死神搏斗，康复的希望微乎其微。安江君的大女儿刚刚去
世。我们共同的一个朋友，因整日钻研"核战争最终毁灭全世界
时的情形"，不堪恐惧之重负，最后在巴黎自缢身亡。尽管我俩
都已心力交瘁，但还是朝着盛夏的广岛出发了。如此疲惫困顿、
愁闷到无言的出发，我以前还从不曾经历过。

　　到达广岛后的那几天，也就是第九届禁止原子弹氢弹世界大
会召开的日子，我们感到更加疲惫困顿，愁闷不堪。正如我在

---

① 安江良介（1935—1998）：1958年从金泽大学毕业后入职岩波书店，曾担
　　任《世界》杂志的编辑、主编等职，1990年任岩波书店社长。代表性著作
　　有《孤立的日本：在多重危机中》和《〈世界〉的40年：重新审视战后与
　　当下》（与大江健三郎对谈）等。——译者注（如无特别说明，本书脚注
　　均为译者注。）

第一章中所描写的那样，这次大会充满了痛苦的^①、困难的感觉。起初，大会是否真能召开还是个问题，而大会即使召开，也不过是一个分裂的大会。我们只能怀着沮丧的心情，带着满身的汗水与尘土，叹息着，沉默着，在那些被大会动员起来的、无比严肃的人群周围，徒然地奔走。

然而，一周之后，当我们即将离开广岛的时候，却发现两人手里都已牢牢地抓住了一根绳子，抓着这根绳子就能从各自深陷的愁闷的坑洼中爬出来，实现真正的康复。直截了当地说，这都要归功于我们遇到的那些具有真正广岛人气质的人。

那些具有真正广岛人气质的人，他们的生活方式和思想给我留下了深刻的印象。我从他们身上直接获得勇气，反过来也深刻地感受到一种剜心之痛，那是因儿子躺在玻璃箱所产生的、深藏在我内心深处的、某种神经衰弱的苗头和颓废的思想被连根拔起时的痛。而我开始祈愿，希望能以广岛和真正的广岛人为锉刀，来检验自己心灵的硬度。我的心灵史非常简短：战后民主主义时期，我接受了中等教育；上大学的时候，以法国现代文学为中心学习了语言学和文学；如今只是个刚刚起步的小说家，我的活动完全受日本和美国战后文学的影响。我祈愿把自己应有的自我感受、道德观和思想，毫无保留地全都放到广岛这把锉刀之下，通过广岛这个透镜，对它们加以重新考察。

---

① 着重号为原文所加。下同，不另注。

之后我又多次前往广岛，安江君所属的《世界》杂志编辑部刊发了我的随笔。这一系列随笔汇集成册后，就成了现在这本书。每次去广岛，我都会结识一些具有真正广岛人气质的新朋友，他们总是带给我最深的感动，然而，我又不得不接二连三地收到他们的死亡通知。我的文章一经刊载，就有很多读者，尤其是广岛的读者寄来饱含深情的信件。在这些来信当中，我挑选了一部分具有典型特点的内容，介绍给大家。下面这封信的写信人名叫松坂义孝。在本书的第五章，我引用过关于坚强的广岛医生的记录，其中有一位名叫松坂义正的医生，虽身负重伤，却还让他儿子（医大的学生）背着他去参加救护工作，始终坚守在自己的岗位上。松坂义孝就是他的儿子。也就是说，松坂义孝就是那个在原子弹轰炸结束后不久，便身背负伤的医生，穿过广岛的街道，赶往救护所的医学生。如今，他已经成为一名皮肤科大夫，在广岛开业行医。

……广岛人到死都想保持沉默，想要把个人的生死看作只是自己的事情，而不愿把自己的惨状公之于众，不愿意成为反对原子弹氢弹等政治斗争的参考资料。他们也不想因为自己是原子弹受害者而被别人当作乞丐。当然，为了获得经济上的援助，向大众诉说受害者的惨状才是他们应该做的事情，也是必须要做的事情。比起反对原子弹氢弹等目的，获得经济援助这个目的要更加实际和迫切。然而，那些看似恢复了健康，又过上了正常人生活的原子弹受害者，却选择了沉默。实际上，比起向大众哭诉以求得经济援助，他们更希望用一种有连带色彩的方式，比如，将税收和贺年卡的收益返还给那些健在的原子弹受害者。用乞讨或募捐的办法，又能有多大实效呢？

……几乎所有思想家和文学家都在叫喊着：不能沉默，劝原子弹受害者说出真相。我憎恶那些不能体谅我们的沉默的人。迎接8月6日，我们做不到，我们只能和死者一起，默默地将它送走。为了迎接8月6日而大张旗鼓地四处奔忙，我们做不到。那些思想家只把8月6日这一天的广岛看作是广岛，他们自然无法理解原子弹受害者的沉默，以及他们作为资料留存下来的心情。

我在自己的随笔中，曾经写过这样一群人，他们唯一的权利就是对广岛保持沉默。这封信便是对我这篇随笔的回应。我因此备受鼓舞，但同时也无奈地意识到，作为一个非广岛人，我写的所有关于广岛的文章都会遭到最严厉的批评。

在最近一期广岛同人杂志《齿轮》上，松坂先生用深田狮子雄的笔名，写了下面这样一篇文章。可以说，这篇文章把他在信中所写的那些思想和感受表达得更加直接明了。从他的文章中，我又发现广岛人对非广岛人进行正当批判的声音。这可以说是广岛年轻知识分子进行正当防卫的声音。我希望读者在看我文章的时候，能结合下面这段文字。

大江讲到的那些医生，那些在广岛遭受原子弹轰炸的医生，那些直面原子弹受害者后遗症而不得不陷入绝望的医生，当他们对自己的命运也不得不陷入绝望的时候，对于那些不断出现的，说什么"原子病已不复存在"的乐观报道，他们应该是怀着痛苦的心情去反复地予以纠正。我当时就在距离爆炸中心1.5公里的地方，虽然出现了轻微的后遗症，但现在仍然很健康。我的父母，当时还在女子高中二年级上学的我的妻子，还有出生于昭和30年代①的我的三个孩子，他们也都很健康。因为没有发现后遗症，我们就决定要尽量保持乐观。这也许就是我一直以来对原子弹文学感到疑惑不解的原因。在所谓的原子弹文学中，除了讲述那些无法康复的人的悲惨故事，以及描写后遗症症状和心理之外，似乎就没有什么可写的了。难道就没有下面这样的故事吗？比如，遭到原子弹轰炸后，一家人历经磨难，最后终于恢复健康，像个正常人一样获得了新生。难道所有的原子弹受害者都必须患上后遗症，最后又不得不悲剧性地死去吗？难道原子弹受害者死的时候，就不被允许摆脱那种健康和心理上的负罪感和自卑感，像一个正常人那样自然地死去吗？我们要死，

---

① 昭和30年代，即1955年至1964年。

就必须是因原子弹后遗症而死，这样的死法只能被看作是饱含着对原子弹的诅咒，作为有利于反对原子弹的资料的一种死法。的确，不能否认，我们的生，因原子弹而扭曲变形、苦不堪言。然而，就算没有原子弹，只要是那些经历过战争的人，在不同程度上也都承受着同样的苦难。我经常告诫自己，对广岛受害者独有的"原子弹受害者意识"，不能有一种偏袒的感情。我希望他们能够自我救治，自力更生，虽蒙难，却能够像那些未蒙难者一样，摆脱原子弹的阴影，让自己的死亡属于自己。

遭原子弹轰炸19年后，我的祖母去世，享年93岁。她的一生历经坎坷，算不上幸福，但所幸身体一向健康，去世也完全是寿终正寝，而非原子弹后遗症所致。我希望你们了解，在那些受害者当中，也有很多人没有受到原子弹的影响，最后都是自然死亡。我希望，你们不要把受害者的死亡看作在别处发表政治性言论的材料，就像8月6日充斥广岛的各种随意发挥的政治性言论，使这个本该肃穆吊唁的日子有可能操控在外人手中。……我希望你们不要忘记，还有一些没有后遗症的受害者，他们不希望自己成为反对原子弹的材料，而是乐观而真切地想要回归普通人的生活。

长崎有一位原子弹受害者，同时也是一位诗人，名叫原口喜久也。当他被诊断出有可能患了骨髓性白血病之后就自缢身亡了。前几天，一个很偶然的机会，我从他的诗集遗稿后记中得知了这件事情，不禁黯然神伤。……原口并非死于原子弹后遗症，是他自己想死才选择了自杀。对于他的死亡，我想做这样一种解释：不要把所有的一切都用原子弹后遗症这个毫无人性和个性可言的东西来概括，受害者们想要摆脱原子弹的阴影，活着的时候，要像个正常人那样活着，死的时候，也要像个正常人那样死去。

如果没有对原子弹受害者进行细致的检查和诊断，也许就不会查出原口感到身体不适的原因。也许他只是感到身体不适，然后，死神突然降临。但是，原子弹受害者们无福体验那种让人乐观的身体不适。所有的一切都准确无误地显示出，他们将要面对的就是死亡降临前的痛苦过程，他们必须在很长一段时间内忍受原子弹后遗症所带来的痛苦。但凡有些常识的人，一看到这样的诊断，就知道康复的希望极其渺茫。既然如此，那么，继续活下去，活着忍受后遗症的痛苦，活着思忖后遗症最终将会带来的死亡——这该是一件多么艰难的事情！……作为原子弹受害者，究竟如何才能重新成为一个正常人？是做他们该做的事情，一直活到后遗症带来死亡的那一刻吗？或者，是像原口和原民喜那样，清高地选择自我了断呢？对此，我不得而知。

如上所述，这些随笔的创作得益于广岛人的直接或间接的帮助和批评。现在我把它们重新集结成册并以《广岛札记》为题出版，并不意味着我内心深处的广岛就此完结。可以说，现在开始我才刚刚进入广岛特质的内部。只要不是对广岛问题视而不见、充耳不闻、缄口不言，那么，每个人的内心深处，就永远都不会结束对广岛特质的思考。

今年3月22日下午，一名自杀身亡的妇女的葬礼在广岛举行。死者是诗人峠三吉的遗孀。峠三吉留下了最优秀的诗歌，描写了原子弹造成的惨剧和人类并不为之屈服的尊严。有谣言说，夫人是因为害怕原子弹引发的癌症而自杀的。但我们也不能忘记，就在夫人自杀前的几个星期，有人在峠三吉诗碑上泼油漆，这对夫人的精神造成了巨大的创伤。在直面孤独的心中那段悲惨的记忆时，广岛人所发扬的忍耐精神绝不是僵化的、戏剧化的东西。就在夫人经受着日复一日的忍耐的煎熬之时，卑劣者趁机用手中的油刷轻轻一刷，就轻而易举地粉碎了她的忍耐力。此时的夫人，不但身心疲惫，还要承受癌症带来的心理恐惧，孤独的她已经不堪一击。在那座被卑劣者用油漆玷污了的诗碑上，镌刻着诗人的呼声。然而，就在12年前，在大多数人还不愿意倾听这一呼声的年代，诗人在进行肺叶摘除手术时，受辐射后的身体失去了抵抗力，最终死亡。那座诗碑寄托了夫人对诗人的怀念，而如今，她却陷入了最坏的孤立无援的黑暗之中。然而，除了陷入那愈加黑暗的深渊之外，她究竟还能做些什么呢？夫人的亲姐姐、广岛母亲会小西信子女士的话深深地打动了我们。"妹妹啊，你很好地完成了一切。我将不吝赞美之词来称颂你和峠先生，你们一起度过了无悔的一生。"

还我父亲

还我母亲

还我老人

还我孩子

还我生命

还我亲人

只要有人

只要有人存在的世界

就不应该失去和平

还我和平

这呼声，正是诗人向我们这些幸存者发出的呼声……

就在同一天，就在3月22日的下午，东京召开了纪念作家原民喜的演讲会。这位作家也曾向我们这些幸存者发出过恳切的呼喊。那呼喊声里包含了他对人类的祈祷，然而人类世界却转向了相反的方向。当那令人毛骨悚然的征兆准确无误地出现时，他带着满腔的绝望和屈辱自杀身亡。原民喜也在广岛遭遇了原子弹轰炸，然而，就在1945年底，当所有广岛人都被迫沉默的时候，作家原民喜创作完成了那本真实的《夏之花》。然后，就在朝鲜战争爆发的第二年，他自杀了。只要关于这些典型广岛人的记忆依旧鲜活，我们的内心深处就无法停止对广岛特质的思考。

今年春天，我去冲绳旅行。冲绳人个个都面带温和的微笑，迎接我们这些从本土到访的游客。但我却遇到了这样一位妇人，她调动所有情绪挤出来的微笑，一瞬间就僵在了脸上，她表情温和，却难以掩饰内心深处涌现出来的不信任感和抗拒感。我认为我遇见的这位妇人的态度才是最正常的。我们必须重新认识到一点，那就是在战后20年的时间里，我们对待冲绳原子弹受害者的态度就是完全置之不理。他们在广岛和长崎的原子弹轰炸中受到辐射后回到故乡冲绳。这就意味着，他们带着受伤的身体，把自己流放到了这个对原子病①一无所知的孤岛。在冲绳本岛、石垣岛或是宫古岛，如果现在重新讨论原子病的症状，就会发现许多人明显死于原子病。比如，有一个身强体壮的青年，曾在冲绳的相扑比赛中获得八重山群岛横纲称号。他在长崎的军需工厂遭遇了原子弹轰炸，后来又回到了石垣岛。1956年，他突然半身不遂。他怀疑自己的病是受核辐射所致，就向岛上的医生咨询。当然，冲绳的医生对原子病一无所知，于是，他就只能被搁置一

---

① 原子病：因受原子弹爆炸影响而产生的病变，诸如智力迟钝的痴呆、染色体畸变的不育症、癌症、白血病、复合骨髓瘤，以及其他罕见的血液病等慢性病变。

边。不久之后，他只能坐着，完全不能动弹，全身出现了剧烈的浮肿。然后，1962年，这位昔日的冲绳相扑横纲，吐了半桶血之后命归黄泉。但在冲绳，居然没有一个医生能够确诊他惨死的原因就是原子病。

在禁止原子弹氢弹冲绳协会列出的名单上，有135位原子弹受害者的名字。他们几乎都在不同程度上感觉到了身体的异常。但是，当他们向医生诉说自己的不安的时候，都被冲绳的医生用疲劳或神经衰弱的结论给打发了。当然，并不是要把责任推到冲绳的医生身上，当时的那种情况，除非本土原子病医院的专业医生来冲绳，否则是没有其他解决办法的。冲绳的原子弹受害者已经被搁置了20年，在他们长期累积的不安与憎恨面前，难道我们还能够继续视而不见、充耳不闻、缄口不言吗？因为原子弹这个本世纪最凶恶的怪物被扔到广岛、长崎而造成的灾难，超过135名受害者不得不用他们那不安的灵魂去支撑自己疲惫不堪的肉体。而如今，这些人不仅要跟核武器基地为邻，甚至还必须对此保持沉默。面对我们，冲绳的这些受害者收起微笑，露出不信任和拒绝的表情，这难道不应该是他们内心最真实的表达吗？而且，这些具有坚强的忍耐精神的人，在我们这些本土人身上一直都寄托着一个20年来从未实现过的期望。

3月26日，政府发布消息说，4月份要派遣医疗调查组前往冲绳，对那些广岛、长崎的原子弹受害者进行调查。据说，调查结束之后，那些被认为有必要接受住院治疗的受害者，一旦通过厚生大臣的咨询机构"原子弹医疗审议会"的审议，就可以到广岛、长崎的原子病医院接受住院治疗。20年来，从未有人过问的冲绳原子弹受害者，直到今天才有一扇窗户为他们打开，但也就只是这扇窗而已。我听说，冲绳有一个原子弹受害者，尽管大家都动员他去广岛的原子病医院接受住院治疗，但他却迟迟下不了这个决心。因为一旦他离开冲绳，家里人的生活就会立刻陷入困境。这种情况恐怕是普遍存在的。然而，众所周知，冲绳的医疗条件尚不完善，仅凭冲绳目前的医疗设备，即便是派专业医生来冲绳长驻，受害者想要接受放射性伤害治疗也是困难重重。为此，我感到万分羞愧，因为除了把冲绳原子弹受害者尖锐带刺的话语记录下来之外，我再也无能为力。"希望日本人多点诚意，别总是讨好美国人，却从来不管人的死活。真想管的话，就赶紧行动！现在马上就用行动来表示！这就是我们的心声。"

他们的存在和他们的呼声是如此无措，试问我们每个人的内心深处，又有谁能够彻底摆脱广岛情结呢？

1965年4月

初访广岛

只剩下两条腿，紧紧地粘在水泥路面上，直立着

1963年夏，我到达广岛时正是拂晓时分。广岛就像一座荒凉的空城的幻影在我眼前闪过，街道上还看不到任何市民的身影，三三两两伫立在街头的都是外来的游客。1945年夏天的这个早晨，也曾有一群游客来到这里。然而，他们当中，凡是在18年前的今天或明天离开广岛的都侥幸活了下来，而那些到后天还没能离开广岛的人，都将不得不体验20世纪最为残酷的命运！他们当中，有的人在瞬间就化为了灰烬，有的人苟活至今却难逃整日担忧白细胞数量的悲惨命运。清晨来临，大气开始变得干燥、灼热，发出明晃晃的白光。一个小时后，市民们就要开始举行活动。清晨的阳光，已经像正午的烈日一般热辣灼人，而且，它还会一直持续到傍晚。此时，广岛已经没有丝毫拂晓时鬼城似的痕迹，这座以全日本小酒馆数量最多而闻名的城市，俨然变成了一座充满活力的地方城市。包括白人、黑人在内的大批游客，混杂在熙熙攘攘的市民队伍当中。大部分日本游客都是年轻人。他们一边唱歌，一边扛着旗子向和平公园进发。后天，游客的数量将会突破两万人。

上午9点，我在位于和平公园一角的原子弹纪念馆的楼梯上跑了几个来回，又在走廊里转了大半天，发现自己到头来还是和那些束手无策的人一样，垂头丧气地坐到了长椅上。我听一位记者朋友说，几天前他就守在这里了，可连他都觉得这里发生的事情含含糊糊，难以理解，就像是远方雾里的城堡一般。不安的情绪早早地蔓延开来。第九届禁止原子弹氢弹世界大会真的会召开吗？在这个纪念馆里，正在召开此次大会的各个准备会议，但会议内容基本上都对外保密。我把记者徽章别到衬衫衣领上，却还是四处碰壁。被拒之门外的记者，来得太早的与会代表（不过，他们反驳说：什么太早！今天下午和平游行队伍就要开进广岛，傍晚还要举行欢迎集会呢！），甚至连禁止原子弹氢弹协会的常务理事们，也都无可奈何地在走廊上来回踱步，最后又都坐到长椅上，不住地叹气。每个人的口中，都反复念叨着一句寒暄式的话："反对任何国家……"这句话的全文应该是："'反对任何国家进行核试验'这个议题，还真是个癌啊！"然而，现在只要一提起"反对任何国家……"这几个字，每个人就会愁容满面，唉声叹气。"反对任何国家……"，这里的任何国家是指死难者的国家？抑或是其他人的国家？我不禁想起拂晓时分看到的荒凉的空城的幻影和浑身发抖的游客。

突然，坐在长椅上的人都站起身来，走廊里乱转的人流也都朝着一个方向涌去。禁止原子弹氢弹协会的安井理事长来到常务理事们聚集的地方，向他们传达了还在进行中的、执行常务理事会秘密会议的情况。没有人会轻易放过这个难得的机会，大家都想看一眼从雾中显露出来的城堡的尖塔。在去年夏天的大会出现混乱之后，在陷入瘫痪状态的禁止原子弹氢弹协会里面，安井成了一个徒有虚名的理事长。在"三一"比基尼日①即将到来之时，在静冈召开的理事会上"反对任何国家……"这个议题再次引起争议，安井因此辞去了理事长之职。今年夏天，安井再次以理事长身份出现在这里，这是意味着他已经找到避免引发混乱的新提法了吗?

　　安井理事长走进房间，在那儿等消息的理事们既焦躁，又疲惫，脸上还带着几分哀伤。他们和原子弹受害者纪念馆走廊里的记者，还有那些坐在和平公园树荫下早来的与会代表一样，都被拒之门外，一直都在焦躁的情绪中忍受着不知情的痛苦。一见到安井理事长，他们就再也掩饰不住声音里的愤怒和抱怨，用近似喊叫的声音，迫不及待地质问起他来。更有率性之人，怒气冲冲地要求执行常务理事会（他们具体负责此次禁止原子弹氢弹世界大会的组织工作）和安井理事长做出解释，究竟是什么原因导致他们这么长时间都无法获知实情。

　　一位来自金泽的常务理事问道："执行常务理事会是不是已经放弃了本次大会?"安井理事长不急不躁，用悲壮有力又略带抑扬的声音回答道："不，我们没有放弃! 现在只是会间休息。

①　比基尼日：1954年3月1日，美国在太平洋比基尼环礁试验氢弹，在附近海域进行捕捞作业的日本渔船"第五福龙丸"号全体船员和捕捞的金枪鱼均遭到放射性尘埃污染，其中一人回国后很快不治身亡。该事件在日本国内引发了激烈的反核运动。3月1日被定为日本比基尼日。

我到这里来，就是为了向大家如实报告执行常务理事会的情况。"
他的表情诚实而坦率，却又像是有所戒备。人群中响起空洞的笑
声。他们是在笑金泽的那位理事太歇斯底里呢，还是在笑安井理
事长的回答过于程式化？

一位来自横须贺的常务理事问道："你上次来的时候说，如果
执行常务理事会无法解决，就把问题交给包括我们在内的常务理
事会来研究解决。难道说，现在又不打算承认我们的权威了吗？"

安井诚恳地说了句"我到这里来正是为了和诸位坦率地交换
意见的"，算是把这个问题给搪塞过去，但根本就没有触及问题
的实质。有可能让他尴尬的问题，也就这两个而已。来自东京的
理事和来自长野的理事，都只要求世界大会必须召开。来自东京
的理事说："超过预计人数的参加者正不断地从东京赶来，大会
完全具备成功举办的条件。"然而，大多数人还是认为，共产党
和社会党之间展开的动员争夺战将会成为此次大会一个棘手的问
题。来自长野的理事则深切地呼吁，既然已经以大会的名义募集
了资金，那就无论如何也要把大会开起来。

常务理事们的声音听起来早就不像是在提问，反倒像是在对
着上天发出悲壮的、毫无权威的恳求。和平游行的队伍正在行进
当中，距离他们到达广岛只剩六个小时了。此次大会就是为了迎
接他们而召开的，但到现在还没有任何召开的迹象。

安井理事长的声音一如平常。他热情洋溢，对每个人都带着
明显（也许太过明显）的诚意，不断地说着同样的话——我们执

行常务理事会内部确实有比较复杂的意见分歧。然后，又提高嗓门说道："请再给我一点时间！……"

以下事实隐约地呈现在我们面前：把常务理事们都拒之门外的、迟迟不散的执行常务理事会秘密会议正陷入僵局；"反对任何国家……"以及"禁止核试验会议"产生的意见分歧（对此，安井理事长只用抽象的、富有感情色彩的词语提起过，但从未具体言及）继续成为一个障碍，使会议面临更加困难的局面；共产党、社会党、总工会①以及外国代表团，特别是中苏代表团之间的问题，让执行常务理事会左右为难。但是，早在安井理事长出现之前，这些情况就已是人尽皆知的事实。要说现在还有什么新的提法，那就是安井理事长反复高喊的这句"请再给我一点时间！"。可是，给他足够的时间，这些困难就能够得到解决吗？看来没人相信。安井理事长到最后也没说清"一点时间"究竟是多久，就撇下理事们走掉了。剩下的理事们在一起开恳谈会，可惜他们意见相左，又缺乏信任，一个建议刚提出就立刻遭到否决。有的人甚至像泼妇骂街似的大声嚷嚷起来。"他们是和社会党议员喝茶的那帮家伙！"他们的头头恶狠狠地扔下一句话："有结了婚分居的，还有离了婚同居的呢！"他的话到底在暗示

① 日本总工会，即总评，日语全称为"日本労働組合総評議会"，简称"総评"，成立于1950年，是日本战后规模最大的全国性工会的中央组织，1989年解散。

些什么呢？这又怎么称得上是恳谈呢？

　　我和那位被骂得狗血喷头的、来自横须贺的理事，一起走到了窗户对面的阳台上。他的发言在恳谈会上被屏蔽了，要听他的意见就只能用这个办法。这位来自横须贺的理事神情焦虑地对我说："明明在第六十届常务理事会上就已经做出决定，内部即便有意见分歧也要召开这次大会，现在这个决定被完全忽视。要是用欺骗的手段掩盖不同的意见，召开一个貌似统一的大会，那可不行！底下搞基层运动的早就有想法，以后搞和平运动再也不会依靠日共、总工会和社会党了。就算禁止原子弹氢弹协会以后解散了，他们还是能乐观地把运动继续进行下去。"

　　所有理事又陆续陷入了充满疲劳感的沉默当中。我离开恳谈会，走下楼来。一楼大厅变得有些混乱。各地赶来的与会代表来到这里，打算登记并缴纳各自的经费，可是，由于执行常务理事会会议陷入僵局，接待工作也无法展开。他们有的围成个圈，蹲坐着；有的聚在一起，来回踱步；还有的在练习唱歌。就像横须贺的理事所说的那样，他们意气风发，神情开朗。这不由得让人感到，在他们和安井理事长、秘密会议的参加者以及那些苦等消息的理事之间，存在着重重的阻隔。即便大会最终能够召开，这些阻隔又将如何消除？骄阳下的和平公园空空荡荡。望着这座即将迎来两万名游行者的空旷的公园，我不禁感到心头一片茫然。

　　在广岛数量众多的、各式各样的塔里面，原子弹死难者供养塔是命名最为贴切的一座。我朝它走去。有位老妇人肃然伫立在塔旁。在广岛，我曾经无数次见到过这种肃然而立的人。他们都是在那一天、在这里目睹了地狱的人。他们的眼神黯然无光，却又叫人不寒而栗。在《广岛之河》里，有两个老妇人带着这样的眼神说出了自己的证词。其中一位说道："那种病，旁人看着才叫一个揪心啊！我闺女刚生下真美子，为了孩子，她说什么都想活下去。可谁也救不了她。不光是这些，还有呢，奈奈子死了之后，我还有儿子阿广在身边，26岁了，可手上头上都是烧伤留下的疤，为这，连婚都结不成，已经自杀过好几回了。"另一位老妇人说："我有两个侄女在鸟屋町，听说是光着身子跑出来的。在江波熬了一宿，路上人家给了件薄的单层和服，两人一撕两半，这才算是遮了羞。妹妹死的时候，惨得没个人样，房东还嫌弃她，直嚷嚷会传染的、会传染的。姐姐求我说，姑姑，趁我还没变成那样，您就杀了我吧！最后她也跟着妹妹去了。年轻人都死光了，就剩下一个老人……"

突然，安井郁那句热情洋溢的话出现在我的脑海。"请再给我一点时间！"——这句话听起来是那么空洞、敷衍，没有任何具体的承诺，以"诚实"为名而开的这张空头支票，不过是句骗人的鬼话。

下午3点，我来到原子病医院前，站在行道树瘦长的树荫下，等待和平游行队伍的到来。除了记者之外，在医院前面的广场和马路上迎候的人寥寥无几。按理说，禁止原子弹氢弹广岛协会的人应该在这里迎接，但在会议结果尚不明朗的情况下，他们也无法离开弥漫着停顿与困难气氛的和平纪念馆。在屈指可数的迎候者中，有这样两个人，一个是原子弹受害者母亲会广岛分会的负责人，另一个是广岛小憩家园的主办人。广岛小憩家园的成员，都是遭受原子弹轰炸后生活在对癌症的惊恐不安中的孤寡老人。这两个人才是在广岛从事基础工作的人，但是现在，他们的脸上也露出了难以掩饰的焦虑之情。广岛小憩家园里那些年迈的受害者昨天晚上提着灯笼，手持花束，点上香火，逐个祭拜了市内不计其数的死难者纪念塔。广岛市32个区都派出了小组，在各自所属区内等候那些前来祭拜的老人，并和他们一起追悼亡魂。整个广岛就像一座大坟场，街上到处可以看见一座座的慰灵塔，尽管有的慰灵塔小得像块石头。"禁止原子弹氢弹运动是离不开广岛基层的老百姓的。现在，这个运动虽然超出了广岛的范围，可广岛的老百姓仍然在用自己的方式重新巩固它的基础。他们手捧花束，点燃香火，走遍了广岛的每一个角落，所到之处又有和他们一样的人在迎接他们。"

终于，远处传来扩音器沙哑的声音，转速略慢的磁带播放着大合唱和口号："原子弹罪不可赦！"眼看着和平游行的队伍就要过来，原子病医院的窗口挤满了翘首以盼的病人，有些甚至跑到了一楼屋顶的平台上。年轻的女病人身上穿的已不再是撕开的单层和服，而是色彩缤纷的化纤睡裙。然而，战后18年给她们带来的变化似乎也就只有这些。她们的心中依然深藏着对原子弹的不安。

炎热和疲劳使参加游行的人面色灰暗，但他们的双眼神采依然。参加游行全程的、被烈日严重晒伤的人身上有一种厚重的消耗感。以他们为中心的游行队伍在原子病医院门前停下。在名为"广岛-奥斯威辛"的游行队伍中，那些袒胸露背、貌似罗汉的僧侣引起了人们的注意。外国代表们也加入了游行队伍。有一位金发的西德妇女，脸颊和鼻子都被晒得通红。游行队伍把医院门口挤得水泄不通。

这时，有三位病人代表从原子病医院的正门走出来，走到直射的阳光下。其中一位是一名可爱的少女，正值豆蔻年华，虽然头上缠满了绷带，脸上却带着开心的微笑，不时用手压住被风吹开的蔷薇色小花睡裙的下摆。赠花仪式结束后，还有一个简短的代表致辞。上前发言的是一位中年男子，身材瘦小，说话声音轻得仿佛蚊子嗡嗡一般。站在被烈日烤得发烫的水泥地上，他紧张得像阿波① 木偶似的直着脖子抬着头，声嘶力竭地说着话。然而，高音喇叭里催促游行队伍前进的命令声压过了他。我好不容易才听清他说的最后一句："我相信，第九届世界大会一定会取得成功！"

然后，他抱着花束，长舒了一口气（顶着烈日做演讲，即便是轻伤患者，也会感到非常疲劳，况且这里还是原子病医院），带着真实的满足感和尊严回去了。这是一个多么令人感动的场

---

① 阿波：德岛县的旧名，又称栗国、阿州。

面。此时此刻，如果有病人因为大会准备工作陷入停顿的报道而感到气愤，进而对和平游行队伍投掷石块的话，禁止原子弹氢弹协会也无法对此提出抗议。即便在这种情况下，病人们依然热切地挥舞着充满期待的双手，仿佛参加和平游行的人们才是他们唯一可寄托希望的人。此情此景不禁让人肃然起敬。在病人们的目光中，在他们挥舞着的双手中，和平游行的意义似乎也得到了净化和提升。尽管在和平大桥的那一头，在和平公园里，等待他们的只有被政治主义搞得乌烟瘴气、陷入瘫痪的秘密会议。我跟游行队伍一起行走在烈日之下。除了极少数人之外，广岛市民对游行的态度是非常冷淡的。市民们对大会普遍都表现出冷漠的态度，但对大会准备阶段出现的各种困难又十分敏感。我觉得他们在了解到游行队伍前方所发生的一切之后，正在好奇地静观事态的发展。正当游行队伍在和平大桥前做短暂休息的时候，传来了一个消息，说是刚刚决定，此次的世界大会不是由日本禁止原子弹氢弹协会，而是由禁止原子弹氢弹广岛协会来主办。顿时，游行队伍又恢复了生机，人数也立刻壮大了好几倍，浩浩荡荡地向和平公园行进。此时的公园，不再是阳光下的一片空地，而是到处洋溢着世界大会召开前夕的喧闹与兴奋的地方。游行队伍在群众的掌声与欢呼声中继续前进。日本共产党的宣传车走到欢迎队伍的最前头，大家对此却没有表现出特别的反感。难道说政治主义的砝码已经向日共倾斜了吗？但是，那一刻，一切都还不明了，日共、总工会、社会党等各方力量还在继续进行着激烈的动员大战。

　　暮色降临，夕阳的余晖将原子弹穹顶[①]那被原子弹炸得扭曲的铁架子之间的空隙染成了蔷薇色。下午5点，慰灵碑陶俑式的镂空处也逐渐隐入暮色之中。刚才还在进行秘密会谈的、以安井理事长为首的领导们，还有外国代表团以及顶着烈日参加和平游行的人，都站在背对着慰灵塔的平台上。群众就在他们对面的草坪上席地而坐。禁止原子弹氢弹广岛协会的代表理事森泷市郎神色紧张地走到话筒前。这位老哲学家是原子弹受害者全国性组织的负责人。此时的他，紧张得就像刚才在原子病医院前小声发言的那个演讲者。这位老哲学家同时也是一名原子弹受害者，他的健康处于极其危险的平衡状态之中。他向众人宣布说："日本禁止原子弹氢弹协会把举办世界大会的工作全权委托给了禁止原子弹氢弹广岛协会。"热烈的掌声响起，又被傍晚万里无云的晴空吸走。不过，这掌声的热烈程度远不如另一场演讲所赢得的掌声。参加"广岛-奥斯威辛"游行队伍的僧侣说"广岛比非洲还热"时引起的掌声，也远不如另一场演讲所赢得的掌声。这个"另一场演讲"的主角，就是紧随森泷之后走到话筒前的安井郁。他上身微微前倾，配合着声调的起伏，前后挥动着双手。就在刚

---

①　原子弹穹顶：1945年8月6日，在美国向广岛投下原子弹之后，距离爆炸中心大约160米远的广岛县产业奖励馆被炸得只剩下一面墙和一个钢架穹顶。"原子弹穹顶"由此得名，并作为废除核武器和祈求永久和平的象征一直保存至今。

才，就是这位安井郁理事长，把日本禁止原子弹氢弹协会无法解决的难题一股脑儿地全都推给了禁止原子弹氢弹广岛协会。他用略带悲壮的声音大声说道："此次大会，将由禁止原子弹氢弹广岛协会和日本禁止原子弹氢弹协会共同举办！这是我们在和平游行队伍到达前30分钟做出的正式决定！"听他那口气，好像这个时间点也是个极具价值的条件似的。"与其议论，不如行动，只有行动才能让和平运动取得成功！"他的话音刚落，便响起一阵雷鸣般的掌声。

我不禁愕然。安井理事长把常务理事们拒之门外时曾说过"请再给我一点时间！"，那应是进行讨论、思考、克服困难的时间。可是，他却把游行队伍到达前的30分钟当作一个巨大的压力，逼得那些常务理事们停止思考，放弃判断，闭上眼睛，做出了这么一个决定。而他所说的"与其议论，不如行动……"，不就意味着把尚未解决的难题和工作的停顿状态，一股脑儿地全都推给禁止原子弹氢弹广岛协会吗？但是，他这番情绪激昂、内容空洞的发言，尤其是那句"与其议论，不如行动……"却赢得了听众的热烈掌声！对于这种安井郁式的夸夸其谈，以及群众（尽管他们是在日本各地开展和平运动的主力军）对此所表现出的单纯的情绪化反应，我已经多次目睹。安井说："与其议论，不如行动，只有行动才能让和平运动取得成功！"然而，就在这次大会上，议论并没有乖乖地躲进角落，而是从第一次集会开始就时不时跑到光天化日之下，肆意发表自己的主张。

来自中国的赵安博说，禁止核试验条约就是骗人的玩意儿，"如果美国真的有诚意讲和平，是不是就应该先把基地从日本撤走？"喀麦隆代表是个黑人青年，身穿黑白条纹上衣，头上戴着酒红色帽子。他也对禁止核试验条约持否定意见，他还用他们国家的语言呼吁和平，高喊着"乌扶鲁！乌扶鲁！乌扶鲁！"。然后，一位苏联妇女代表走近话筒发表演讲说，明天就要签订禁止核试验条约，这是一个很大的进步，赫鲁晓夫说这是伟大的一步。尽管在秘密会议上，已经反复演习过大会的大致情形，但当她发表这番演说的时候，人们还是意识到，这次大会另一出戏的帷幕已经拉开。除了礼仪之邦的人表现出明显的无视态度之外，其他人对她的演讲给予了足够的掌声。结果就是参加大会的群众谁都不清楚自己将会在这出理论之戏中扮演什么样的角色。夕阳的余晖中，我看到广岛代表理事森泷苍白的脸色，不由得心里一阵刺痛……

晚上9点半，我和大家一起站在阳台上，透过窗户玻璃，观望着常务理事会在里面进行表决的情景。白天一直被封锁消息的常务理事们，眼下正在对一项委托事宜进行表决，也就是安井理事长在大家面前宣布的全权委托禁止原子弹氢弹广岛协会承办此次大会的决议，而代表禁止原子弹氢弹广岛协会接受这一委托任务的是代表理事森泷。执行常务理事会的投票结果是，14票赞成，11票反对。现在，房间里面也产生了明确的投票结果，49票赞成，7票反对，11票保留意见，3票弃权。投反对票的是和平委员会的理事们。就在同一天的晚上，在另外一个地方召开的会议上，禁止原子弹氢弹广岛协会也做出了正式接受委托的决定。

广岛的夜晚，暑热难耐。投完票的理事们汗流浃背地走到阳台，前面就是和平大桥，桥底下是在黑暗中流淌的河水。少数派脸上的焦躁表情，即便在夜色中也能看得一清二楚。他们不安地预感到，这次表决并没有解决任何实质性问题。他们担心，一旦情况出现反复，困难就会加剧。虽然来自金泽的理事认为，执行常务理事会在紧要关头把这个烂摊子甩给广岛，他们应该为这种做法道歉，但他却没有机会开口发言。来自山口的理事说，问题的关键在于，广岛接受了全权委托之后应该如何防止常务理事会日后的干涉，以及如何建立起以广岛为中心的新体制。他神情忧虑，不仅仅是因为疲劳的缘故。对大会的前景表示担忧的少数派普遍认为，在把问题交给广岛之前，如果陷入困境的执行常务理事会能够进行一下自我批评，把未能承办大会的各种原因梳理清楚之后再作交接的话，那么，禁止原子弹氢弹广岛协会做工作时就能容易一些。总之，世界大会是在最坏的状况下，至少是在日本禁止原子弹氢弹协会执行常务理事会深陷泥潭、束手无策的状况下，转交给广岛协会的，对于接手这次大会的广岛协会的人来说，今晚必将是一个不眠之夜。他们一定会殚精竭虑、为克服困难而四处奔波。这天夜里，有一个小道消息在和平纪念馆附近传得沸沸扬扬，说什么代代木派的将协议"离婚"。又是这句莫名其妙的话。

这天夜晚，广岛到处都是不眠之人。为了拯救一个女孩的生命，原子病医院的医生们放弃了睡眠，可是，他们的努力终成徒劳，那个女孩还是离开了人世。

昨天夜里去世的那个年轻人被送到了比治山。上午10点。我爬上了比治山。山顶有一处如明镜般光亮、整洁的高效场所——ABCC[①]。这个机构的研究课题是：原子弹受害者如何死去？送到这里的原子弹受害者并非不能得到治疗，但广岛人没有一个会自愿到这里来。停车场里的车负责把登记在ABCC名单上的患者们带到这里。也有人说，这个工作和索要原子弹受害者遗体的工作，是这里最不好干的两个工作。那些被召集过来的病人安静地坐在改成接待室的大厅里。孩子们也都很安静。有个小男孩正等着妈妈看完病出来，有个小女孩自己就是病人。人们都在静静地排队等候。又有一辆车从停车场出发，开下比治山，朝着有七条河流过的市中心驶去。为了ABCC，为了这个地球上仅有的两个具体研究原子弹如何影响人体（20世纪有谁不关心这个问题呢？）的机构之一，ABCC的停车场怎能不继续辛勤地工作呢？！

———————————

① ABCC: Atomic Bomb Casualty Commission 的简称，即原子弹伤亡调查委员会。1947年，美国为了调查并记录原子弹所造成的伤亡而设立的机构。该机构建在广岛市比治山的山顶。1975年，改为由日美共同出资的辐射效应研究基金会（Radiation Effects Research Foundation, RERF）。

昨天死去的那个年轻女孩的遗体被安置在等待解剖的房间里。我到附近的几个房间转了转。女孩们正在观察显微镜下用染色剂处理过的血液样本，然后，把观察到的白细胞数量记录到单手握着的计算器中。我看到一片血液载片上每立方毫米白细胞数量居然是9万个。负责的年轻女医生告诉我说，她曾碰到过一位老人，他的白细胞数量达到了83万个。那位老人当然已经去世。现在我见到的这片血样的主人也已不在人世。这个地方敞亮而现代化，却是死者的国度。"您知道健康人的白细胞数量是多少吗？"她冷不防问了我一句，在那一瞬间，我似乎产生了错觉。"如果有人有83万个白细胞的话，那么，一般人的白细胞少说也该有……"可我的白细胞只有6000个。我再也没勇气继续看显微镜。我在下一个房间看到尸体用石蜡做硬化处理后被制成了薄片。直到我来到观察原子弹受害者的血液对梅毒的反应的房间里，紧张情绪才稍微缓解了一些。我想我再也不会有那天早上那么强烈的切身体会，体会到原来梅毒这种疾病是如此微不足道。

资料室的大门连着通向另一座楼的走廊。我转到这儿，想要寻找出口。这里堆放着大量被分档整理过的病历卡。从紧闭的房门里传来病历卡传送时发出的流水般的声音。IBM电脑正在整理死者们的识别卡。那个有83万个白细胞，内脏所有组织都被癌细胞吞噬，脊椎变得像浮石一样疏松的老人的病历，也曾经发出流水般的声音从这里通过吧。从ABCC出来，在返回广岛市区的路上，我禁不住浑身发抖。我发现，那座山顶上没有人提到禁止原子弹氢弹大会。就好像那是发生在非常遥远的城市里的事情一样，没有一个人提到它……

上午11点，原子弹受害者纪念馆二楼的代表接待室发生了一个小事件。一名男子在那里抗议大会只认可了少部分人的代表资格。这不会是日共、总工会、社会党之间展开的动员大战愈演愈烈的一种表现吧？不过，禁止原子弹氢弹广岛协会的工作人员说，这是早晨至今发生的唯一一个事件。那名男子还在执着地表示抗议。然而，每个人都开始认为，准备工作进展顺利，世界大会将如期召开。这种共识的氛围已经形成，那些现场的工作人员和从各地赶来参加会议的代表的活动很有效果。

我在和平公园门口买了份《赤旗》①，看完之后才知道，原来日共最终做出了全面否定《部分禁止核试验条约》的决定。就在同一时间，《部分禁止核试验条约》在莫斯科签订。每当我来到和平公园附近，就能闻到一股强烈的政治的味道。从公园到和平大桥的那段路上，到处都是嘈杂的人群，在那里叫出租车需要有足够的耐心才行。在我等出租车的那段时间，前来参加大会的人不断地涌向公园。他们都能争取到代表名额吗？听说现在连住处都已经没有了。今天，广岛的人口一下子暴增了两成。

我来到广岛日本红十字会医院，见到了原子病医院院长重藤文夫，他还兼着日本红十字会医院院长一职。就在原子弹轰炸前

---

① 《赤旗》：日本共产党机关报。

一个星期，重藤文夫到广岛来工作。爆炸发生时，他正排在队尾等有轨电车，结果也受了伤。他伤得倒是不重，不过，当时的情况已经不允许院长把自己当病人了。医院前面的广场上堆着好几千人的尸体，院子里每天都在焚烧尸体。为了医治那些奄奄一息的人，他必须继续领导同样负了伤的医护人员展开工作。而且，医院本身也遭到了彻底破坏。重藤院长身材高大，长得像个老实巴交的农民，声音洪亮，说话直爽，一看就知道是个实干家。他参加抢救工作时肯定全力以赴。而且，他还凭着准确的直觉，认定这是一颗非同寻常的炸弹，一心想要弄清它的原委。他忙里偷闲，蹬上自行车跑到爆炸中心去做调查，收集了一些砖头瓦片，它们都像是被什么东西烧过似的。这些东西至今都还陈列在医院的某个房间里。这些虽不能同ABCC用IBM电脑整理的那些资料相提并论，但那是重藤院长用微薄的预算和自己的双手亲自整理的资料。有位老人，也是个原子弹受害者，为了重藤院长，同意在死后把自己的骨骼（那是一副被病魔彻底侵蚀的骨骼）全部捐出来做标本。这是多么奇特而令人感动的友情！重藤院长年轻时因为偶然的机会接触过跟放射能有关的内容。这段经历在原子弹轰炸后他孤立无援地进行调查的时候发挥了作用。他发现地下室里那些密封的X光片已经感光。他的调查进展得很顺利。他是最先用肉眼分辨出那颗炸弹实质的日本人之一。

从那时起直到今天，重藤院长一直都在广岛从事医疗工作，同时，继续通过反复的观察总结经验，不断有新的发现。他先是发现了原子弹后遗症，并与之展开斗争。最初，院长以为原子弹后遗症的问题在两三年内就能解决。但是，他随后就发现了白血病！这场史无前例的大灾难对人体造成的影响，只有像他那样长期在一线工作的人才能逐一发现。7年之后，通过坚持不懈的统计，院长终于用确凿的数据把原子弹和白血病联系了起来。后来，根据统计数据，他又得出了白血病将会减少的推断，但这次他的推断却发生了错误。还有多少类似的令人感动的实验性错误呢？在此期间，作为院长的他还必须为医疗制度改革和医院的重建做大量政治性的工作。如今，院长确信癌症与原子弹关系密切，并且亲手掌握着一些病例，但他的观点要得到厚生省的认可还是困难重重。另外，原子弹受害者的婚姻大事，院长也得具体地、面对面地负起责任。

我跟着院长一起去查房。一位老人无力地躺在床上，声音沙哑地跟院长打招呼。他的皮肤黝黑干燥，上面沾满了剥落的皮屑，就像是揉碎的纸屑。他极力想露出微笑，却没有成功，为此显得有些焦躁。昨天和平游行的时候，这位可怜的老人也曾努力试图挥动过双手吧。想到这里，我不由得感到一阵心酸。院长已经痛苦地送走了许多位老人，他们的病情比眼前这位老人要严重得多，比如癌症和白血病。虽然那些老人除了绝望别无他法，但是，他们肯定朝着当年的和平游行队伍挥舞过他们的双手。如果参加和平游行的人知道这些身患原子弹轰炸后遗症、在绝望中奄奄一息的老人，正在满怀信赖与期待地向他们挥动双手的话，有谁能不心怀愧疚之情呢？

　　一位女病人呆呆地站在走廊的一角，喘着粗气，抽噎不止。这是高兴的眼泪。因为自从住院之后，她第一次走了10米远。她流着眼泪，哽咽地说：大夫，我太高兴了。听到这句话，身材高大的重藤院长那牛一般的双眼中流露出忧郁而慈祥的目光，这目光令我终生难忘。

　　尽管白血病发病之后，病人可以依靠药物控制病情，维持半年到一年的时间，但是，一旦白细胞数量再次增多就无药可救了。重藤院长怀疑，白细胞得到控制后又再次恶化，并最终导致死亡的原因，有可能和现在的用药不当有关。每当院长谈起白血病患者时，他那黯然神伤的悲痛目光也令我终生难忘。院长自己也是原子弹受害者，也是目睹过人间地狱的人。然而，他用人的尊严，跟存在于身体当中的"原子弹"进行着不懈的斗争。他才是一个广岛特有的人，一个具有广岛气质的人。

　　晚上7点15分。月亮升起前的淡淡的暮色之中，草坪上挤满了参加者和来自所有地方城市的代表们，看上去就像是发黑的波浪。他们都很紧张，因为还没有宣布大会开始，主席台背后是慰灵碑，上面的椅子都是空着的，而"全学联"①的60多个学生抢

---

① 　全学联：日语全称为"全日本学生自治会総連会"，简称"全学連"。该组织是日本学生自治会的联合组织，成立于1948年，由日本145所大学的学生自治会联合组成。

占了代表们和主席台之间的空地，正在高呼口号，并试图做演讲。大会方面正用话筒劝学生撤离，防止代表们受其挑唆而有所行动。学生们唱起了《国际歌》。一辆小卡车停在他们中间，"全学联"的领导人用车上的话筒朗读着"告第九届禁止原子弹氢弹世界大会所有与会工人、学生、市民书"。"第九届禁止原子弹氢弹世界大会，完全不顾全世界人民反对战争、要求和平的强烈要求，直到最后仍然争论不休。他们虽以多数票通过了将大会举办工作全权委托给禁止原子弹氢弹广岛协会的决定，但这个决定又说明了什么呢？面对迫在眉睫的反战和平斗争，难道说这么做就算是指明了方向吗？"一群僧侣敲着带柄单皮鼓在他们身后进行祈祷，直升机在空中盘旋，烟花腾空而起。代表们齐声高喊"和平！和平！"，想盖住学生们的歌声。一触即发的紧张气氛和喧嚣声一起充斥了整个公园。右翼团体的宣传车，一边放着《军舰进行曲》，一边在公园周围行进。整个和平公园都用绳子封锁起来，只允许代表和记者进入。市民们聚到绳子外边，默默地注视着里面的情形。

7点25分。由数百名警察组成的队伍出现在广场正面的建筑物下方，直奔慰灵碑方向而去，就像是团体参拜慰灵碑似的。有人鼓起掌来，居然是坐在草坪上的代表。不适感犹如荆棘，让我感到震惊。学生们一下子就被冲散了。就在从主席台正下方到公园入口一百多米远的距离之间，警察连追带赶地驱散着学生，到处都是尖叫声，一片混乱。"别让学生钻过来！"坐在地上的某个代表喊了一声，结果，被警察追得无处可逃的学生又被撵了出去。学生队伍迅速瓦解，他们四散逃窜，甚至向主席台上记者集中的这边逃了过来。我和其他一些记者也被卷进这场混战。我被撞倒在地，膝盖受了伤。一个学生从我身旁跑过，就像橄榄球赛中朝着球门狂奔的选手一样，在绳子和代表之间来回猛跑。突然，他摔倒在地，被警察逮了个正着。"难道是哪个代表使的绊子？"这个怀疑的念头让我感到心痛不已。学生们被全部驱散之后，代表们又鼓起掌来。我再次感到更加黑暗的、巨大的震惊。代表们对学生的敌意怎会如此强烈？究竟是为什么？有个学生躲过警察追捕，跨过绳子跑到市民当中，他愤愤地扔下一句话："共产党！就让警察护着你们开会去吧！"据说是共产党的国会议员团把警察给叫来的——这个传闻已是人尽皆知。

学生们离开之后，在代表们热烈的掌声中，共产党国会议员团首先登上了主席台。接着是外国代表。7点50分，主席台上已经座无虚席。禁止原子弹氢弹广岛协会的伊藤事务局长走到话筒前致开幕辞："我们决不满足于以这种形式召开大会。一旦条件具备，我们将随时准备把大会举办权交还给日本禁止原子弹氢弹协会。"掌声过后就是默哀仪式。晚上8点，一轮圆月升上夜空。伊藤事务局长身后，"原子弹穹顶"那扭曲的铁架子在月光下泛着柔和的光芒。在近两万名进行默哀的人当中，唯有伊藤事务局长和森泷代表理事必须面对最大的困难。

森泷代表理事在基调报告中首先提到了原子弹轰炸的死难者

和受害者。他一直坚持对广岛问题进行思考。这位老哲学家认为，广岛原子弹受害者内心的道路，和从普遍意义上的人道主义出发的禁止原子弹氢弹运动的道路，这两条道路是相通的——他的理论就是这样扎实地立足于这个人性的立交桥上。他做报告的时候，身后的慰灵碑前正进行着与大会毫不相干的活动。死难者家属正在那里供奉鲜花，烧香祭拜。对于公园里黑压压的人群，他们看都不看一眼，似乎掌声和叫喊声都不曾传入他们的耳朵。在我看来，这些广岛死难者的家属，就像是希腊悲剧里的歌队，最能反映出主席台前正在上演的这出戏的光荣和悲惨。森泷代表理事也正是在身后这支歌队的大力支持下，面对着眼前的两万人。

然而，代表们逐渐涣散，他们不接受基调报告，甚至有人出来反驳，还有人喝倒彩。这恰恰表明了老哲学家的勇敢，对于敏感问题，他毫不避讳。就"反对任何国家……"这一问题，他阐述了自己的观点。他认为应该对禁止核试验条约给予肯定。人群中响起一片驳斥之声，还夹杂着稀稀拉拉的掌声。当他在基调报告中谈到北极星潜艇[①]、F-105轰炸机时，第一次在会场上赢得了满堂喝彩。毫无疑问，眼前的两万名群众冒着酷暑、热情满怀地来到盛夏的广岛，聚集在原子弹受害者的慰灵碑前；他们在日本各地做出不懈努力，他们每个人都充满了巨大的能量，汇集在一

---

① 北极星潜艇，即装备了潜射弹道导弹北极星导弹的潜水艇。

起之后又形成一股巨大的力量；所有这些，都给我留下了极其深刻的印象。但我却又感到，他们和代表禁止原子弹氢弹广岛协会以及作为原子弹受害者协会代表的老哲学家之间，存在着一道难以逾越的鸿沟。在老哲学家作基调报告的时候，我就已经感觉到这道鸿沟的存在，而且还发现它正逐步变深变宽。我的内心不禁一片黯然。

森泷代表理事很疲劳。他使出最后的力气，在强调了统一与团结的重要性之后就结束了基调报告。台下的掌声稀疏而短暂。此时此刻，这位老哲学家还不知道，总工会、社会党系的代表们已经放弃了这次大会。不久他就会知道此事，到时候就会感到自己被背叛了。当大会闭幕，当他发现自己作的基调报告被践踏得面目全非的时候，到那个时候，他和禁止原子弹氢弹广岛协会，在和伊藤事务局长做出的"一旦条件具备……"的承诺相违背的、最坏的状态下，把大会的主办权交还给了日本禁止原子弹氢弹协会，这个时候，森泷先生一定会再次感到自己被背叛了。

第九届禁止原子弹氢弹世界大会结束后，不论是那些从这次大会中只看到了希望和成功的人，还是那些只感到失望和精神崩溃的人，抑或那些处于两者之间的为数更多的人，他们肯定还会有一个同样的想法，那就是在那个开幕式上，就已经显示出这次大会所有的征兆……

森泷代表理事的夫人是原子弹受害者，同时也是和平运动的坚实骨干。这位广岛老妇人带着其特有的魅力和尊严，讲了一番

入情入理的话。在谈到这天晚上发生的事情，以及老哲学家走下
讲台之后的情况时，她这样说道：

> 警察跑到森泷这儿，告诉他说，共产党的国会议员正在
> 要求警察署长下命令，要把和平公园里没有戴代表徽章的
> 人全赶出去。当然，这种行为可以说是为达成统一而做的努
> 力。可是，看到那些代表欢呼着警察来了，又是让路又是鼓
> 掌的样子，市民们真的感到不寒而栗啊。学生们的做法确实
> 有些欠妥，可是他们彼此间仇恨到那种地步，实在是让人看
> 了不好受。森泷回来的时候已经筋疲力尽，只说了一句"我
> 和伊藤再也不参加了"，就闷头睡下了。我给他把了把脉，
> 发现他脉律不齐。森泷他不图名，不为利，一心扑在受害者
> 协会和反对原子弹氢弹协会的工作上。因为他是搞哲学的，
> 他认为这就是现代社会的伦理。虽然他劳心又劳力，现在已
> 是身心俱疲，可他还想在恢复健康后，创建一个新的和平运
> 动组织。防止核战争固然重要，但允许拥有核武器本身才是
> 这个问题的关键。核军备竞赛令人不安，所以，解决这一问
> 题的突破口，就是反对一切核武器，不是吗？

浜井市长也谈到了新的和平运动。当年，在目睹了人间地狱
般的惨状之后，他就一直忘我地工作，和重藤院长、森泷夫妇一
样，他也是一个具有真正广岛气质的人。他说："不管今后情况

如何变化，离开了广岛的本心，和平运动也将不复存在。我想是时候结束跟日本禁止原子弹氢弹协会之间的关系，开展新的和平运动了。"

8月6日清晨6点，慰灵碑前，死难者家属敬献的花束堆积如山，香烟缭绕，弥漫成雾。骨灰安置处正在做联合法事，那里传来超度亡魂的诵经声，市民也越聚越多。随风飞来一张报纸，上面的标题写着"世界大会以分裂告终"。市民们就像过节似的，衣着庄重，陆陆续续地聚集到了和平公园。8点15分，慰灵碑前鸽群放飞，满满一个公园的市民都开始低头默哀。直升机和小型飞机一直在空中盘旋。只有在默哀的那一刻，才能够格外清晰地听到公园里的蝉鸣，但它顷刻间又再次沉入喧嚣声的底部，就像被消音一般。这喧嚣声大概会一直持续到深夜吧。但那样清晰的蝉鸣声，我想，再也不会有人在这公园的中央听到了。

这一天，广岛着实开了不少会。我发现自从经历了昨天晚上的开幕式之后，我关注广岛的焦点发生了变化。在那些政治性会议上，我觉得自己就像是一个无意中被牵扯进来的陌生游客，只会一个劲地在会场上来回转悠。可一离开会场，我就立刻发现了对我而言真实而崭新的广岛。我渴望融入其中，渴望与它更加深入的、亲密的接触。我感到这次广岛之行是引领我与真正的广岛相知相识的邂逅之旅。同时，我还预感到，今后自己还会不断地来这里，并努力去了解那些具有广岛特质的人。从这种意义来看，在诸多会议当中，有一个会议使我在瞬间醒悟并深受感动，那就是在土桥旁边的会馆里，一直开到深夜的原子弹受害者恳谈会。在那里，人与人之间的问答都极为小心谨慎，而那些呼吁和相互理解也都给我留下了深刻的印象。尤其是分散在全国各地的原子弹受害者的医疗问题（由于广岛和其他地区的医生对原子弹的认识不同，造成了难以申领特殊原子弹受害者手册等问题）更是引起了大家的共同关注。有一个青年学者讲述了自己的亲身经历：他和爱人都是原子弹受害者，两人在外地结婚生子，后来又带着孩子回到广岛。孩子不时会出现贫血，可在他们那个地方城市，却很难找到掌握原子病知识的医生。

在广岛的最后一夜，我去为一位亡友放河灯，也就是所谓的"供奉河灯以施恶鬼"。他因惧怕核战争而变得极度神经质，最后在巴黎自杀身亡。就在和平大桥底下，红的、白的，还有蓝色的灯笼漂浮在河面上，随着涨潮的河水逆流而上。遭受原子弹轰炸之后，这个仪式就像流传了几百年的民间传统一样，深深地扎根在了广岛人民的心中。无数只灯笼，闪着点点微光，顺着广岛的河水静静地漂流。从不曾有哪条河像这些河流一样，承载过如此多的亡魂。当我离开广岛的时候，从飞机的舷窗俯瞰那七条大河，它们在清晨的阳光下熠熠生辉。坐在我旁边的是一位年轻的《泰晤士报》特派员，他似乎对"和平！和平！"这个口号一直感到迷惑不解。在大会闭幕式上，他听到挤满了整个广岛县立体育馆的参加者一直都在高呼这个口号。安井理事长说过："与

其议论，不如行动！"可是，这些参加会议的代表们，除了高呼
"和平！和平！"这个行为之外，又有多少机会能够展开更为理
性的独立行动呢？上头在各政党和外国代表团之间搞协调，开秘
密会议；底下的人有再大的能量也只是能高喊"和平！和平！"
的口号而已。要是安井理事长那番抽象又煽情的高谈阔论把二者
给联系在一起的话，那么，日本的和平运动又会走向何方呢？对
于身边这位英国青年的不安，我也感同身受。我们俩一起默默地
注视着云海下的七条大河。不经意间，我的心里又涌出了一股澎
湃的热情。我要告诉这位英国特派员，在广岛，还有像重藤院
长、森泷夫妇、浜井市长那样真正的广岛人。他们，还有原子病
医院的病人们，都给我留下了极其深刻的印象。我打算从他们身
上去发现真正的广岛。此次广岛之行即将结束，但它却为我今后
无数次的广岛之行揭开了序幕。我要开始发言。大会的闭幕式在
"和平！和平！"的口号声中召开，就在同一个时间，那位遭到
背叛的老哲学家，却在别处，对"参加此次大会的国民力量"给
予了宽大的评价。他还希望："在广岛这块宿命之地，禁止原子
弹氢弹的运动会像不死鸟一样浴火重生，重新出发，并再次发展
成为一场国民运动。"

1963 年 8 月

第二章

再访广岛

一个少女死在电车里，手里紧紧抓着手提包，身上没有一点伤痕，跟一个烧焦的士兵头挨着头。有传闻说少女的样子看上去像还活着。居然还有此等不可思议之事

1964年夏，飞机经过广岛市区正上方，飞向位于郊区的机场。就在它盘旋的瞬间，广岛那七条大河顷刻间改变了颜色，就像是擦得锃亮的奖牌一样，反射出耀眼的光芒。正从椭圆形舷窗俯瞰市区的游客们，被反射过来的盛夏的阳光刺痛了双眼，纷纷地缩回头去。我想起一年前，就在离开广岛的飞机的舷窗边，我也被这七条大河炫目的反光刺痛过双眼。我的内心，感觉那过去的一年时间变得稍纵即逝，缺乏真实感。坐着飞机从广岛起飞，如今又将在此地重新降落，我的这两次广岛之行，就像是坐着观光飞机走马观花般地转了一圈。从空中俯瞰，广岛丝毫没变。坐在从机场到市区的出租车上，目之所及，街景也一如往昔。把我从机场送到市区的这位出租车司机，跟一年前送我去机场的那位司机一样，出神地听着昨晚广岛杯比赛的消息。

然而，在这一年当中，原子病医院有47名病人死亡。从统计结果来看，大多数死者都是老年人。第一位死者是一名82岁的老年妇女，她死于肝癌，其他死者67岁、64岁、55岁不等，不过，他们的死因几乎都是癌症。我想起去年夏天在原子病医院病房见过的三位老人。他们的病床相互挨着，他们的皮肤全都黑得像印第安人［的皮肤似的］，干裂的皮肤上翻起一层皮屑，就像是被橡皮擦擦过似的。就算这些老人可以痊愈出院，可一旦离开原子病医院，他们也依旧是孤苦伶仃的无家可归之人。更何况，今年夏天，他们中间可能有人已经孤独地离开了人世。

在统计表上的众多老年死者中，还夹着一位特别年轻的死者，格外显眼。去年冬天，这位十八九岁的母亲因急性骨髓性白血病死亡。她在出生不久、还是个婴儿的时候遭遇了原子弹轰炸。18年后，她刚生下孩子，自己却因白血病死亡。所幸这个新生的婴儿目前还没有出现任何异常。要说"希望"的话，那么，这便是唯一的希望。

关于她的死，我从医院内外又听到了另外一些令人揪心的传闻。据说这位年轻的妻子，由于遭受过原子弹轰炸，所以她既担心生出畸形儿，又担心自己产后会死于原子病。尽管如此，这个十八九岁的姑娘还是恋爱结婚，并生下了孩子。这种近乎绝望的勇敢，应该说是兼具脆弱和强韧的真正的人性。我为这位年轻的母亲祈祷，希望她的新生儿能作为纯正的希望之苗茁壮成长。

去年夏天，我在原子病医院还认识了另外一位年轻的母亲。她也是在产后才发觉身体的异常，然后住进了医院。幸运的是，因为治疗及时而免遭厄运。可是，虽然她去年秋天出了院，今年夏天却又不得不再次住院。她唯一的希望就是孩子能够健康。我所能做的也只有祈祷，为她，也为无数身受原子弹轰炸之害的广岛的母亲们，祈愿她们能早日康复……

在这一年去世的死者当中，有一个叫宫本定男的原子弹受害者，他恐怕是带着最深的遗憾离开人间的。一年前的正午，为了迎接和平游行队伍，三位住院患者代表顶着盛夏的烈日慢步走到医院前庭。站在中间的那个中年男子就是宫本定男。虽然他高昂着头，脸色却异常苍白。他的个头甚至比身边穿着蔷薇花图案睡裙的少女还要矮小。他声音微弱，极度紧张，演讲时略带军人腔调。说完"我相信第九届世界大会一定会圆满成功！"之后，就结束演讲，接过花束，长长地出了一口气，退回原子病医院的玄关里面……

我亲眼所见的场景就到此为止。而他就这样抱着花束长出了一口气，带着真实的满足感和尊严走向了死亡。那天，当他走出我们的视线之后，几乎连站都站不稳。从夏末到秋初，他一直卧床不起，最终在初冬时节死于体力衰竭。病历卡上记录着他的死因——全身衰竭。和面对其他病情急剧恶化、死于原子病的患者的死亡一样，对于他的死，原子病医院的重藤院长也是感到既悲痛又疑惑，不明白为什么会脆弱到因体力衰竭而死。眼看着原子病患者一个个因全身衰竭而死，这位医学家也只能感叹道，原子弹对生命抵抗力最为本质的部分造成了巨大的破坏。

为了说出这句"我相信第九届世界大会一定会圆满成功！"，那个小个子中年男人就这样头顶烈日来到院子里，因而也缩短了自己走向衰竭而死的路程。付出如此巨大的代价，就是为了来这里说出这句心里话（游行队伍先头车辆的高音喇叭盖过了他的声音，几乎没人听到他说的这句话）。之后，他又带着满足和尊严，转身离开。可是，当晚召开的第九届世界大会并不成功。至少，大会的结果，和那些躺在原子病医院病床上奄奄一息的患者所殷切盼望的成功，相去甚远。且不论全面禁止核武器的实现遥遥无期，就连给原子病患者带来过些许振奋的《部分禁止核试验条约》，在第九届世界大会上也被沉入令人怀疑的迷雾的深处。就在这个时候，宫本定男意外地因全身衰竭而死。

身材矮小、内心狂热的宫本定男，拖着病弱之躯，顶着当头烈日，来到医院前庭，向那些健康的人发表演讲。虽然他的演讲只有一句话，却寄托了他参加禁止核武器运动的全部意志。无论是为了减轻对日渐临近的死亡的恐惧，还是为了消除对只能在病床上等死的无意义的生存的怀疑，他的演讲都算是一次有意义的尝试。但实际上，当他的个体走向消亡之时，核武器投下的巨大阴影依然笼罩着整个世界。会不会是他猛然意识到和平运动的可能性不过是一个"幻影"之后，恐惧和怀疑使他彻底崩溃，进而放弃了救治的希望呢？就算事实并非如此，我想他也是怀着满腹的遗憾，孤独地离开人世的。这是难以挽回的事实。对于这几天聚集到广岛的数万名与会代表而言，宫本定男的死，包含了一些难以偿还的东西。

就在死的前几天，他整理好存款，收拾了生活用品，表明了要出院的想法。这一举动是否暗示着他已不再信任他人，不再信任那些参加和平游行和世界大会的人，甚至不再信任和平运动本身了呢？同时，这是否也暗示着，一个遭到背叛的人渴望回到极为个人的、属于他自己的场所的诉求呢？

> 天地灭，万物亡，心伤始得慰。
>
> ——高桥武夫①

　　面对原子弹受害者创作的这首哀歌，有的和平运动家可能会以充分的理由提出批评。但是，如果他目睹了1963年发生在广岛的一切，那么，他一定会发现自己找不到任何话语来回答宫本定男。这位据称是原子病医院"最后一位"积极关注和平运动以及禁止核试验条约动向的病人，曾经顶着那年盛夏的骄阳，用细若蚊蝇的声音发表演讲，在冬天来临之际死于全身衰竭。

　　今年，以社会党的领导们为首，和平游行队伍又一次来到原子病医院门口。我看到，医院窗口和一楼屋顶的阳台上又有一批欢迎他们的病人。病情较轻的患者，排成一排坐在玄关背阴的地方。其中，老年人的比例似乎比去年夏天增加了一些，睡衣的颜色也比那时显得更加暗淡和朴素。我怀着期待和不安的心情等待着。可是，再也没有病人代表出来发言。这并不是因为医院方面考虑到去年发生的事情而有意加以阻止，而是因为在原子病医院，现在已经没有病人想要表达自己对和平运动的期望了。因此，宫本定男，那位身材矮小，面色苍白，在去年初冬时节死亡

---

① 　高桥武夫：日本歌人，生于广岛，原子弹受害者。

的中年男子，就成了病人代表发言的"最后一人"。

宫本定男留下了一篇极短的文章，开头写道："我要在广岛向全人类呐喊。广岛遭受了史无前例的原子弹轰炸，现在城里仍有很多人因受到当时的轰炸而罹患白血病、贫血、肝功能障碍等疾病，他们不仅日夜受着病痛的煎熬，还要面对悲惨的死亡，并与之进行不懈的斗争。"

作为这篇文章的读者，我们应该注意到这种斗争的目的并不是为了针对，或者避免悲惨的死亡进而走向新生，那是直面悲惨的死亡本身，且最终依然走向死亡终点的痛苦过程。"但是，接下来会发生什么，都是能预料到的。就在这所医院（广岛原子病医院）里，得知自己身患原子病后，有人自杀，有人精神失常。"

在这篇充满了绝望的文章的最后，他又加了一句空洞的结束语："最后，我恳请诸位同心协力共同创造一个没有战争的光明的世界。"也许会有很多人不同意我的看法，认为这句话绝不可能成为一句空洞的口号，而我在意的则是它的文体。

去年刚一入冬，他就因全身衰竭而死，而现在的广岛，又一次迎来了骄阳似火的夏天。报纸把三个禁止原子弹氢弹大会和发生在老挝、越南的战乱放在一起进行了报道。这个夏天和去年的相比没有任何变化。在这两个夏天之间，有47名病人走向无法挽回的悲惨死亡。在原子病医院的病床上，依然躺着那些受尽折磨却不得不继续忍耐下去的病人。我走进广岛的街巷，所到之处总有人来跟我讲述这一年去世者的往事。但我们的谈话却进行得时断时续，我们总会不时地擦拭着各自的汗水，抬头眺望那阳光辉映下的比治山。山顶上ABCC的那间资料室里，电脑发出流水般的声响，那些记录着被侵蚀的骨髓、扩散到全身的癌细胞、数目庞大的白细胞等数据的病历卡就存放在此。我感觉，在广岛，没人能比这些病历卡更准确地记录他们的往事了……

我朝着靠近繁华路段的劳动会馆走去。去年的主会场设在和平公园的原子弹轰炸纪念馆，在那里，秘密会议室曾经大门紧闭，到处弥漫着不安的气氛。每个人都在怀疑"第九届禁止原子弹氢弹世界大会"究竟还能不能开，屏气敛息地小声议论着造成所有灾难与困难的原因，即所谓的"反对任何国家……"。

而在今年的会场劳动会馆里，却丝毫没有故作神秘的气氛和忧虑不安、痛苦艰涩的感觉。只是大会筹备工作由于经验不足而发生了一些小小的差错和停顿，但大家都觉得这些无伤大雅。因为每个人都坚信，在这里举办的三县联席会议，即禁止原子弹氢弹广岛长崎大会一定会开展得很顺利。

我去旁听了国际会议，去年那里曾是最激烈的战场。我想起当时中国代表朱子奇和苏联代表朱可夫之间的论争，那可谓是针锋相对。而且，以他们两人为核心，又形成了两个彼此充满敌意的阵营。今年，朱可夫以苏联代表的身份再次来到了广岛。他面带斯拉夫人特有的宽厚笑容，身材高大却行动敏捷，作为全场焦点人物的自信溢于言表。会议以他为中心，进展得非常和谐。印度代表是一名长得跟玉米人偶似的妇女同志，她全面肯定了禁止核试验条约。来自西德的代表同样是一位充满魅力的妇女同志，她分析了西德核武器装备的现状，对法国进行核试验提出了具体的抗议提案。她态度冷静，话语简洁，很有说服力。"让我们阻止法国和中国进行核试验，实现全面裁军！No more Hiroshimas！"她的呼吁赢得了满堂喝彩。今年，各国代表的演讲风格都具有本国特色，内容具体，在旁听者听来也觉得很有分量。如果说造成去年会上演讲内容空洞的原因是两大对立阵营之间致命的、充满敌意的毒素的话，那么，在广岛，中苏之间的对立所浪费的能量当中，肯定也有些孕育着丰富意涵的东西。

此时此刻，除了广岛的禁止核武器会议，我不由得又想到了另外一个在京都举行的会议。那是由日本禁止原子弹氢弹协会主办的第十届禁止原子弹氢弹世界大会，它应该也是在一片和谐的气氛中顺利地进行着吧。在那里，中国代表也一定是面带不逊于朱可夫的东方式微笑，落落大方，机智灵敏地引导着大会。在那里，也一定会有许多内容丰富的演讲。

然而，这两个微笑，一旦重逢就会立刻变得冰冷僵硬。两个会场上各自的气氛越是融洽，两个微笑之间产生的对立就越深，裂痕也越大。朱可夫之所以会来广岛，是因为他在东京某饭店举行的国际会议上受到了冷落和抵制，这次由日本禁止原子弹氢弹协会组织的会议彻底地冻结了他的微笑。

即便如此，这里依然响起了新的笑声和掌声。哥伦比亚代表的发言使得会场里的气氛越发融洽。微笑犹如迷雾，过浓过重，反倒会掩盖禁止原子弹氢弹运动分歧背后隐藏的东西，使人看不清其中根本性的危机和重新统一的希望。在这种分裂状态结束之前，敌对的两个阵营必然会经历这样一个过程：微笑变成苦笑，而那些甜言蜜语将被恶毒的话语所替代。如此一来，我算是逐渐地、真正地看清了眼前的形势：以世界大会为首的、在广岛举行的所有集会，都出现了严重的分歧，要将其重新统一起来实在是困难重重。会议在友好的气氛中顺利进行，可我却从中感到了一种空虚（就像是听到消息，说登山队避开最难路线准备征服高山时所感到的那种空虚），即便是在两万名年轻群众参加的开幕式全体会议上，这种感觉也没有消失……

在开幕式全体会议上，老哲学家森泷教授走上讲台，会场上热烈的气氛丝毫不逊于对社会党、总工会领导们的欢迎。去年，日本反对原子弹氢弹协会发生分裂的时候，这位老哲学家遭到了痛苦的背叛，但他却依然表达了最诚挚的期望。为了实现这个期望，这一年里他辛勤工作。至少在道德层面上，他是促成此次大会成功举办的最主要的力量。在谈到此次大会之所以如此盛大的原因时，森泷教授承认，这应该归功于社会党、总工会的大力支持，但有那么一瞬，他应该会怀疑自己的这个结论。现在，如果没有这些强有力的组织，就不可能有和平运动的游行。但是，这些力量在组织过程中还是留下了诸多重要问题尚待解决，人们希望能从道义的角度查漏补缺，重新面对这些问题。现在，我发现这些真正的广岛人身上充满了魅力。可以说，我也是带着重新发现他们的目的来参加大会的。在学者、文化界人士参加的会议上，他们提出了"原子弹氢弹灾害白皮书"的提案。同其他会场一样，刚开始，学者、文化界人士会议也是充满了安宁和谐的气氛。但是，当《中国新闻》①评论员金井利博开始就这一提案进行说明时，情况发生了变化。今年夏天，在广岛的各个会场上，我只见到了一个真正慷慨激昂的日本人，就是这个认真到刻板的金井评论员，他给人一种明治维新时期下级武士的印象。在回答年轻记者疏忽大意的提问时，他激动地叫嚷起来："老百姓也是满腔怒火，可他们不知道如何表达！我们不也是这样吗？"说到这儿，他忍不住热泪盈眶，声音哽咽。不少旁观者会觉得他这种激动的情绪来得太过突然，然而又有谁知道这是他忍耐、压抑了19年后的总爆发呢？遭受原子弹轰炸之后的10年时间里，就连广岛地方报纸《中国新闻》的印刷厂里也都找不到跟"原子弹"或是"辐射"有关的铅字。1945年秋，美国军方派出的原子弹灾害调查团发表声明称："原子弹爆炸时，受核辐射影响的应死之人均已死亡，对残留核辐射所造成的生理性影响，不予认可。"这个错误的声明向全世界发布之后，10年间，广岛一直保持着沉默。10年了！作为广岛的一名新闻记者，金井先生忍受了10

---

① 《中国新闻》：日本中国地区的地方性报纸。中国地区位于日本本州岛的西部，包括冈山、广岛、山口、岛根和鸟取5个县。

年的沉默。终于，广岛迎来了打破沉默的那一天！那么，具体来说，广岛的声音是否充分？是否有效呢？每年夏天，金井先生都怀着各种热切的期望迎接禁止原子弹氢弹世界大会（关于原子弹氢弹及其抵制运动，《中国新闻》的报道一直保持着最高水准。如果有人在广岛度过整个夏天，只要他仔细阅读过有关纪念原子弹纪念日的报道，就一定会发现《中国新闻》是最值得信赖的报纸），可惜，最后都只能饱尝失望的痛苦。在经历了无数次的失望和忍耐之后，他终于拿出了这份提案，也就是关于编制"原子弹氢弹灾害白皮书"的计划。长期以来积蓄的忍耐，在这一刻全部爆发，金井先生看似突兀的激动情绪也是情理之中的事情。

金井评论员质疑道："原子弹如此出名，究竟是因为它的威力，还是由于它造成的人间悲剧呢？"毫无疑问，"广岛和长崎在世界上的知名度，完全来自于原子弹的威力，而不是原子弹所造成的人间悲剧"。这次广岛大会由广岛、长崎、静冈三县联合举办，"为了让三县联席会议发展成为覆盖全日本的群众运动，而不只是社会党、总工会亲苏路线影响下的和平运动，我们应该关注的一个最基本的问题，就是国际社会是否完全了解原子弹爆炸后广岛、长崎，还有烧津的原始体验。如果只看到氢弹的威力超过了广岛原子弹的威力，那么，广岛的人间悲剧还是得不到国际社会的重视，进而被逐渐遗忘。在讨论谁是和平的敌人这个问题之前，首先要做的基础性工作就是努力把原子弹轰炸所造成的原始体验告诉世人"。所以，"现在广岛和长崎的原子弹受害者们，包括死去的和活着的，他们发自内心的愿望就是让全世界都知道原子弹给人类造成的悲剧性灾难，而不是原子弹本身的威力"。

也就是说，应该编制"原子弹氢弹灾害白皮书"，应该向国际社会发出呼吁，同时，按照金井评论员的设想，还应该制定一个"尚未解决的原子弹受害者问题的调查、健康管理和救援的方案"。他提出的这个"尚未解决的原子弹受害者问题"，这句话所涵盖的范围真的非常广泛。比如，那些在原子弹爆炸后离开广岛、长崎的人，他们的现状如何，目前几乎是一无所知。冲绳的原子弹受害者带着绝望的心情期盼从本土派来原子弹后遗症方面的医疗专家，那里的现状也鲜为人知，这就不必说了；可就连东京都内近4000人的生活与健康状况，我们也无从了解。我们甚至都不清楚自己所在城市里原子弹受害者的情况。"原子弹氢弹灾害白皮书"运动，就是在调查这些分散在日本各地的原子弹受害者情况的同时展开积极的治疗和救助的运动。另外，对于那些在原子弹爆炸后进入广岛市并因此遭受二次辐射的受害者，我们应该倾听一下他们的"怨言"。如果不是"病到快死"的地步，他们是不能享受原子病医疗法所规定的免费医疗的。而在所有的原子弹后遗症当中，所谓的"病到快死"的状态就等同于"必死无疑"。正如重藤院长所强调的那样，要让原子弹受害者活下去，就应该把尽早发现病人的血液异常当作第一要务。

　　金井评论员很坦率地说，他曾考虑过把"原子弹氢弹灾害白皮书"分别提交给三个大会。他的犹豫和最后的决定都带有暗示性。大部分广岛大会的参加者，对京都大会的存在视若无睹，认为只有自己的大会才是正统。他们在广岛大会的框架内，感到十分满足，并对此深信不疑。（如果广岛大会的成员中有人对大会持有不满或怀疑态度，而在京都大会的成员中也有人对他们的大会同样感到不满和怀疑，然后，两者之间又有机会进行讨论的话，那么，双方才有希望重新走向统一。但是，事实上这种迹象并未出现。两个大会的与会者，都过分地相信了自己的正统性。）这两个大会再加上禁止核试验大会，金井先生对这三个大会进行了非常自由的研究和选择。在广岛经历了"十年沉默"和"九年呼吁"之后，作为一名记者，金井先生肯定会对全民总动员式的集会产生直接的不信任感。然而，他却摒除一己之偏见，带着具体可行的提案来参加广岛大会。提案内容具体可行，这本身就是对走向分裂的和平运动提出的最尖锐、最直接的批评，从更加宏观的角度来看，这甚至也可以看作是全体日本人对所谓的国民运动的一种批评。那些在广岛本地踏实工作的人，他们的心声在最大范围内反映了全体日本人的态度，由此也印证了广岛作为"宿命之地"的特点。

　　关于这一提案的说明，金井评论员最后讲了这么一段话。

　　　　日本政府内阁显然是由保守派组成的，但是，这绝不意味着日本政府内阁只为保守派而存在。由此可见，作为世界上第一个而且是唯一一个遭受原子弹轰炸的受害国，为了让国会通过对原子弹受害者实施救援的议案，无论是保守派还是革新派，都有责任督促日本政府编制"原子弹氢弹灾害白皮书"，并通过联合国机构在全世界范围内广而告之。全民性的和平运动、不分裂的和平运动所承担的部分任务就潜藏于积极推进这一议案的过程当中。

编制"原子弹氢弹灾害白皮书"，并向国际社会进行宣传，这可以看作是救助原子弹受害者和战争受害者的全民性活动的延伸。明年就是原子弹轰炸20周年。今年8月，如果能在广岛，在以原子弹轰炸亲身经历为基础产生的和平运动中，诞生一个研讨国际性程序的提案，面向全世界制作一份冷静阐述原子弹轰炸受害真相的文件的话，那么，这无疑契合了各位与会代表的真实想法，同时也是大势所趋。

在此次广岛大会的所有发言中，我认为这个提案才是为1965年纪念原子弹轰炸20周年所提出的最接近本质，并具有开创性的意见。

在原子弹受害者恳谈会的受害者代表致辞中，我又听到一位受害者在证言中谈到了"十年沉默，九年呼吁"的历史。发表致辞的受害者是位失去了一只眼睛的老人。说到失明，森泷教授也失去了一只眼睛。19年前，森泷教授作为广岛高师的老师带领征调来的学生参加劳动。他至今还保留着一本溅满墨水的日记。当天①，他坐在桌前，正在补写前一天、也就是1945年8月5日的日记。当他写下"朝霞绚丽。制成竹枪五百支"的时候遭到了原子弹轰炸。教授失去了一只眼睛和他的学生们。在那道骇人的光闪过之后，失明的人可谓数量庞大。

老人的讲话非常感人，甚至称得上是一部反映原子弹受害者反对原子弹氢弹的运动史。经过十年沉默，在第一届禁止原子弹氢弹世界大会上，原子弹受害者第一次有了发言的机会。可是，广岛的慎重派却责难说，让这些普通的原子弹受害者到大会讲台上发言，只会让他们当众出丑。然而，"十年沉默"后，原子弹受害者们终于大胆地说出了自己的心声。他们是不是当众出丑了呢？一位普通的原子弹受害者在得到发言机会后，说出了一句由衷的感慨："活着真好！"这句话后来广为流传。只不过是在大会上发言而已，这样一件小事就让他重新发现自己原已破碎的生命的意义。这句话也清晰地反映出这沉默的十年是怎样的十年。在这糟糕的十年中，发生了这样一件事情。讲话的老人有一个朋友，遭原子弹轰炸后双目失明。有一天，一位美国通讯社驻东京分社的社长来拜访他。这位社长无意中谈到了当时处于僵持状态的朝鲜战争，他对那位双目失明的原子弹受害者提出了这样一个

①　即1945年8月6日，广岛遭原子弹轰炸当天。

问题："如果现在扔两三颗原子弹到朝鲜，肯定就能结束这场战争。作为原子弹轰炸的亲历者，你怎么看？"

这种感觉上的迟钝，完全是一种麻木不仁！而这种麻木不仁走向极端的话，很有可能就是动用核武器，发动终极世界大战。禁止原子弹氢弹国民运动的一个基本功能，就是要对这种最恶劣的麻木不仁发出警告，显然，运动已初见成效。至少，在9年后的今天，应该不会再有记者对那些在广岛原子弹轰炸中失明的受害者提出这样的问题：扔几颗原子弹到越南，就能结束战争。你怎么看？这也是禁止原子弹氢弹运动开展9年以来治疗那种麻木不仁所取得的成果。

面对美国通讯社驻东京分社社长的提问，那位失明的原子弹受害者这样回答道："扔两三颗原子弹也许能结束战争，能让美国成为世界的主宰，但到那个时候，恐怕再也没人会相信美国了。"在被迫沉默的广岛，这位失明的原子弹老年受害者用弱者的智慧进行了反抗。几年后，他悄然离世。

受害者代表在结束发言后，又讲了一个小插曲。说是昨天从京都大会赶来的人手捧鲜花进入和平公园的时候，广场上参加三县联席大会的人向他们鼓掌表示欢迎。禁止原子弹氢弹运动中出现的裂痕一定会弥合……

我不知道现场是怎样一个场景，但是我想，每一个在场的听众都会从这位原子弹受害者的讲话中感受到他希望禁止原子弹氢弹运动能够再次统一的真实愿望。

的确，我看到今年的和平公园宁静祥和，没有出现任何纠纷或矛盾的迹象。原子弹纪念日那天早晨，我坐在草坪上，等着参加纪念典礼。且不说天空中低垂的乌云（这天下午忽降骤雨，广岛人都在反复谈论着异常天象，说19年来这种情况只出现过罕见的几次），就连笼罩在青灰色云霭之中的远方的群山，以及群山环绕下的整个广岛的街道，都沉浸在静谧之中，而这是我在去年今日的同一时刻完全没有感受过的一种气氛。

原子弹受害者的发言结束之后，就是各式各样的提问和回答环节。会场气氛整体上是真挚而诚恳的。但我却发现，大多数的提问和去年受害者恳谈会上的问题大同小异。这些从日本各地聚到广岛的年轻人，虽然满腔热情，却对原子病、对原子弹受害者的生活，知之甚少。如此一来，那些汗流浃背的受害者，刚发完言，又要耐心地说明多年来重复讲述的基本情况。我不禁再次感到，广岛依然生活着无数具有极强忍耐力的人，而且，他们的忍耐力真的是令人惊叹⋯⋯

重藤博士也是最有忍耐力的广岛人之一。和去年夏天一样，他依旧在原子病医院处理堆积如山、悬而未决的从政治到医学的问题。在这两个夏天之间，重藤院长不得不忍受47名病人去世的痛苦。当国会开始关注加强原子弹受害者救助问题之后，重藤博士还要接待由保守党和进步派等各路人士组成的视察团。如果有议员指着原子病医院病床上饱受病痛折磨的老人问："风湿性关节炎和原子弹有什么关系？"重藤院长究竟该如何回答这个问题呢？这位议员又是否能够理解，这世上如果只有一家医院能给这个问题一个正确回答，就一定是这家医院？还有，在人类经历了原子弹轰炸这一前所未有的残酷体验之后，任何病症都不能说跟原子弹没有关系。身躯庞大的重藤院长看上去似乎有些反应迟缓，其实精力旺盛，工作起来毫不惜力，他动作迅敏，态度诚恳，不停地做着解释说明工作。在今年夏天的大会上，苏联代表团表示要捐赠一些医疗器材，重藤院长马上和对方进行了卓有成效的沟通。对于那些表面上的政治和权谋术数的漩涡，他向来都是超然世外，可一旦出现有利于原子病医院和病人的、具体且能带来实际利益的呼吁，他又从不放过。院长戏称自己是块"脏手帕"，大概就是指这个意思吧。但是，加强原子弹受害者救助这个政治课题，经过他这块"脏手帕"的"过滤"之后，形象立马为之一新，不仅变得充满人性，还给人留下了具体深刻的印象。比如，重藤院长期望，通过这种加强救护的工作，也许能解救那些在原子弹轰炸中面部受损变丑、19年都不敢出家门的姑娘。假设"有良知的医生"能为她们做出正确的诊断，并认为她们不适合参加社会活动而须加以适当保护。广岛还有一千个"面部变丑"的人，在没有得到任何保护的情况下躲在家里，深居简出。重藤院长通过实际观察后认为，如果能够制定出切实可行的救助方针，这些人最终都会下定决心，重返社会。

作为一名医学家，重藤博士今年夏天直面的课题就是那些死于原子病的父母带给孩子的血液病方面的问题。那位勇敢的、十八九岁的母亲生下孩子后就离开了人世，包括她在内的47名病人在这两个夏天之间死亡——重藤院长和他们一起，朝着这个问题的解决又迈进了一步。"下一代人的原子病问题"是医生和病人都不愿提及的遗传方面的问题。但重藤院长想在这个问题上提前打开法律援助之窗。虽然博士非常理解人们对这一话题的避讳，也很担心原子弹受害者能否接受调查人员的善意询问，但他最后还是认为应该对原子弹受害者的子女进行摸底调查。

重藤院长的思维方式非常契合实际，他的基本态度就是要提前打开切实的、法律或国家的保护之窗。在金井评论员所谓的"和平活动家的宗教战争"期间，在具体的设施及资金方面，还是保守党政府多少做了些工作，逐步推动了原子弹受害者救助计划的进行。而且，现在真想做出些成绩来的也是些保守派的议员。我在广岛曾多次听说一位地方保守派政治家的事情，有关他从战时到战后的传闻，听起来有些不可靠。但从客观上看，今年夏天他在加强救助运动的政治谈判中所发挥的实质性作用却是不可否认的。此时此刻，是多么需要像重藤院长这样充满尊严和坚定信念的人啊！他不仅为"加强救助计划"呕心沥血，而且还坚信现在对原子病医院的投资最终将使全世界人民受益。而正是遭受原子弹轰炸之后这19年的原子病医疗史，塑造了这最被需要的人格。

1965年即将迎来原子弹轰炸20周年纪念，重藤院长计划到时重新研讨那段充满困难和苦涩的医疗史。他将把从事原子病医疗工作的医生召集起来，重新查阅相关资料，一起讨论那些对人类来说都是新体验的病例，并研究一下当时所采取的治疗方法是否正确，"是否有疏漏"等问题。与ABCC不同的是，日本方面进行的治疗和所做的努力并不是在单一领导者的带领下统一进行的，所以，必须进行全方位的反省和检讨。重藤院长认为，作为全方位调查的对象之一，必须对原子弹受害者的子女做血液检查。

以1965年为一个时间节点，全方位研讨原子病医疗史的这个计划，就好比是用更为专业的、医学家的术语在阐释另一个计划。那就是《中国新闻》评论员所提出的、在原子弹轰炸20周年的1965年编制"原子弹氢弹灾害白皮书"的计划。我们不得不说，在广岛脚踏实地、勤奋工作的人，他们每个人的想象力最后都汇集到了同一个计划上，这也正好体现了广岛作为"宿命之地"的特点。这些在广岛最可怕的灾难中劫后余生的人，这些活得最诚实的人，他们是具有真正广岛气质的人。就像连体婴儿一样，他们的内心紧密相连。对于1965年即将付诸行动且互为表里的这两个尝试，我满怀期待。它们将通过凸显人间悲剧之惨状，来投射出核武器时代人类所希望的真实未来。在原子弹轰炸后的第20个年头，面对那些死难者和那些依旧在痛苦中呻吟的生者，这才是日本人能够做出的唯一有效的努力，而且，它也应该会给和平运动带来一个新的形象。

1964年8月

第三章

道德主义者的广岛

不！让我们娘儿俩一起死吧！反正，我男人也死了，留下这个孩子……大叔您赶快逃命吧！

在广岛的各家医院，在各个人的家里，在街头巷尾，当我聆听原子弹受害者讲述他们当时的体验和如今的感慨时，我发现，关于人，他们每个人都有自己独特的观察力和表现力。我还发现，关于勇气、希望、诚实以及悲惨的死亡等和深层道德有关的词，他们都做出了具体且富有个性的定义。"moralist"这个词过去曾被翻译为日语的"人性批评家"，他们正是这样一群"moralist"（道德主义者）。①是什么把他们变成了道德主义者？是自有人类历史以来最为残酷的岁月，是在痛苦的忍耐中度过的19年。每当我想起广岛的道德主义者，首先想到的就是那位出言豪放的老妇人。她是广岛母亲会的核心成员之一，这个协会发行着一本非常出色的小杂志——《广岛之河》。当她说起那些在广岛发挥实力的保守派地方政治家，描绘他们在战时和战后的生活以及他们的意见时，她那灵动辛辣的语言真是充满了魅力。

接下来我要讲的这个小插曲，请各位读者姑且把它看作是一

---

① moralist：原著使用日语片假名标注的外来语「モラリスト」，该词源自英文 moralist，曾被翻译为日语汉字词「人性批評家」。中文译名有"道德家""卫道士""伦理学家""道德主义者"等，本书统一译为"道德主义者"。

篇流浪汉小说①，主人公纯属虚构。我讲这个故事并无他意，就是想向各位说明这位老妇人言谈的风趣。这种流浪汉小说中的主人公，恐怕在日本各地也都会有。但不论是在广岛，或是其他任何地方，一模一样的人物恐怕是不存在的。简言之，那不过是传说中的人物罢了。所以，我就照着写小说的样子，姑且给主人公取个名字，叫作"流浪汉红血"。传说在战争末期，他背上了卖国贼的罪名，被宪兵队抓了起来。放出来之后，他就冲街上的人嚷嚷："卖国贼的血不是红的吧？我的血可是红的！"据说被抓的原因是他的工厂给部队造的子弹好多都是臭弹，所以宪兵队就把他给抓了。仗打得正激烈的时候，这个故事的叙述者——一群老妇人正要到森林里去采蘑菇，半道上碰到了一个农夫。那个农夫兴奋地跟她们讲，讲得唾沫四溅，说什么马上就要枪毙"红血"了，他正急着要赶过去看呢。那个时候，老妇人还是一位强壮的中年妇女，喊了一句"蘑菇什么时候都能采，枪毙那家伙可就这一回！"，便放弃了采蘑菇的计划，跟那农夫一起跑着去看枪毙去了。幸运的是，枪毙被取消，"红血"被释放，而这句名

---

① 流浪汉小说：日语原文为「悪漢小説」，即"picaresque novel"的日语译名，其中"picaresque"一词源自西班牙语"picaresca"，多指"无业游民""流浪汉""恶棍""无赖"等。"picaresque novel"是诞生于16世纪中叶西班牙的一种文学体裁，多以流浪汉为主人公，从底层人物视角反映社会现实。中文译名有"骗子小说""恶棍小说""流浪汉小说"等，本书统一译为"流浪汉小说"。

言却流传了下来。

"红血"真正开始活跃，还是在战后。就像一般流浪汉小说中的主人公那样，他先是发挥自己在性上的能事，专去孀居寡妇人家那里拈花惹草。

接着，他又尝试走上政治舞台，到处宣传自己在战争末期差点就被枪毙的事情，并以此标榜自己曾是反帝斗士的形象。当然，"红血"也不会天真到以为光凭政治作秀就能在地方选举中获胜。于是，他采用步步为营的战略，在选举前的一个月时间里，在他自己的地盘上，纠集了原本与他相好的所有寡妇，作为政治事业上的合作者加以利用。结果，他如愿以偿地成了一名有力的新进地方政治家，并开始崭露头角。从战前起，他就深得保守派实力人物的器重，成为保守党议员之后，他为原子弹受害者做了大量具体的救援工作，并取得了实际的业绩。以反对原子弹氢弹协会为首的各方势力，在金井评论员所谓的"和平活动家的宗教战争"的问题上展开激烈辩论的时候，"红血"却在四处奔走，以使保守党的部分实力注入广岛。结果，四处奔走的"红血"，就像是流浪汉小说里的主人公——比如《奥吉·马奇历险记》①的主人公——那样开始散发出圣人的光芒……

----

① 《奥吉·马奇历险记》：美国著名作家索尔·贝娄（1915—2005）的成名作。这部长篇小说出版于1953年，翌年获美国国家图书奖。该作被认为是融合了美国当代文化与流浪汉小说模式的经典作品。1976年，索尔·贝娄荣获诺贝尔文学奖。

　　"红血"就这样在战后迅速成名，而老妇人的医生丈夫却因为在战争期间当过町会①领导而被革职。这位老医生哀叹自己是个"没出息的男人"，整天郁郁寡欢，见到新药就买来吃，结果得了精神病——这实在不是医生该得的病。就在遭原子弹轰炸之后的几天时间里，城里的医生参加救援活动是最奋不顾身的，老医生也是其中一员。他本身是一名原子弹受害者，一旦发现新药，就大量购买并试用，这也没有什么好奇怪的。但他对新药的兴趣还真有些过了头。据老妇人的观察，新药的各种成分，在老医生的胃里重新分解合成，最后形成剧毒，把他的内脏烧烂后要了他的命。老妇人也是原子弹受害者，尽管她健康状况不佳，却坚决不肯吃新药。她每个月花五千日元买中药来吃，一边还在继续对"红血"的批判。由于广岛市内医院都不采用中医疗法，所以，她白拿着一本原子弹受害者手册，却不能享受国家补助。每月五千日元购买草根树皮的钱，就成了她的个人负担。在遭受原子弹轰炸之前，老医生和老妇人的身体都很健康，但之后夫妻俩的身体都明显变差了。抛开新药神经质和中药癖这些个体差异不说，这对老夫老妻肯定都是忍受着原子病的种种折磨，好不容易活下来的。

　　但我却不止一次地碰到有人来跟我说掏心窝子的话。比如，明明是原子弹受害者，却得不到国家细心周到的救护。再比如，

---

① 町会：协商町内或部落内部事务的组织。

在遭受原子弹轰炸之前，虽不敢说是从不生病，但自从那天之后，就算没出现什么明显症状，可总觉得身体已经不健康了。在广岛有这样一种观点，认为原子病是人类从未体验过的一种疾病，所以，无论什么症状，都跟原子弹轰炸有关。但实际的情况却与之相悖，除非患上致命的原子病，否则是得不到国库的补贴的。

再来说说这位老妇人，她的人格真可谓是跟权威主义格格不入。只有亲眼所见、亲耳所闻的事情，她才会去思考。她坚持这个原则，从不被权威主义或既成观念左右，因为她知道有很多人用自己独特的方法在面对那些用权威主义或既成观念无法解决的困难。我称之为广岛的道德主义者的，就是拥有这类想法的人。听老妇人讲，在遭受原子弹轰炸后喝闷酒的人，没有一个得原子病的，因为醉酒后身体里的辐射力变成了气泡，从毛孔渗出后，毒性就解了。还有个方法对很多人都有效，就是用灸疗，用弘法大师的温泉水来处理化脓部位。这些具体传闻的真实性不可简单地予以否定，只是我们由此可以清晰地看到，日本红十字会医院重藤院长等人是在怎样的一片处女地上开始了与原子病做斗争的历史。老妇人还在继续着她的高谈雄辩，但一说到她们广岛母亲会平日里接触到的原子弹受害者的传闻时，她的刚强中很明确地带上了叹息声。

老妇人的女儿有一个朋友是位年轻的母亲，她生下了一个畸形儿。这位年轻的母亲是一名原子弹受害者，并患有疤痕症，她

"下定决心"，无论如何也要看一眼自己生下的畸形儿，却遭到了医生的拒绝。于是，她便让丈夫去看。没想到等她丈夫去看时，那婴儿已经被处理掉了。那位年轻的母亲叹息道：要是让我看一眼那婴儿，我明明就会生出勇气来，却还是没看成。这个年轻的不幸的母亲，在她那无力的悲叹中，"勇气"这个词深深地打动了我，它已经属于存在主义者重新定义的深层范畴。医院不让母亲看死产的畸形儿，这确实是人道主义的做法。为了坚持人道主义，人必须要有自制力守住不能用人性的眼光去直视的东西的界限。然而，作为一个人，为了获得个人的勇气以超越自我生存的极限状态，这个年轻的母亲希望去看一眼死去的畸形儿，这是一种超越了通俗意义上的人道主义的新的人道主义，也就是说，我们必须把它理解成一个在广岛惨剧中生发出来的、坚韧的人道主义的词语。谁不为此感到心痛？对这个年轻的母亲来说，就连那死去的畸形儿都可以成为她重获勇气的一线希望……

还有一位年轻的母亲，怀孕期间就一直担心，怕生下来的婴儿是畸形。到了分娩的时候，她对畸形儿的恐惧心理甚至屡次妨碍身体做出自然分娩反应。刚有一点要生产的意思，却又因产力不足而无法分娩，反复多次，饱受折磨，最后终于生下一个正常的婴儿，可母体却始终没有恢复。

就算受尽神经衰弱之苦也不愿人工流产，非要把孩子生下来——作为原子弹受害者，这些年轻母亲的勇敢深深地打动了我。但同时，我们也不能忘记，还有很多原子弹受害者夫妻由于不能生育而分道扬镳。我觉得，我们也应该这样想一想：是不是有那样一种年轻的妻子，她们不仅要承受来自周围人的压力，还要被迫在沉默中勇敢地与神经衰弱做顽强的斗争。

还有一个更加压抑、压抑到极点的传闻。说有一位姑娘偶然发现自己的病历上写着"骨髓性白血病"就上吊自杀了。每次听到这种传闻的时候，我就为我们国家不信基督教而感到庆幸。自杀的罪恶感并没有把这个不幸的姑娘逼入死亡的深渊，我感觉这几乎是她获得拯救的唯一办法。幸存下来的我们，谁也不能从道德上对她的自杀加以指责。我们现在所拥有的，只不过是用贫乏的想象力去揣度那些即便如此仍未自杀的人的自由。我的个人式的反省，那就是作为一个日本人，我要是得了癌症，大概不会有任何罪孽感，不会害怕什么下地狱，也就这么上吊自杀了。至少，我时常怀疑，自己是否有资格去阻止别人自杀。无力感这个霉菌已将我腐蚀。从广岛那些即便如此仍未自杀的人身上，我看到了人性深处最纯粹的道德感，这使我重新获得了勇气。毋庸置疑，在这个核武器的时代（1964年9月，当我正写作这部分内容的时候，第三周报纸上政治丑闻的第一句话就说，赫鲁晓夫宣称拥有"灭绝人类的可怕手段"，耸人听闻地掀起了一场轩然大波。几天后，这个说法又改成了"可怕的新式武器"，而且还是复数形式的新式武器。不管这两种说法之间存在的鸿沟有多深，它们都让我无法摆脱一个印象，即武器仍是主宰我们时代的神灵），那些即便如此仍未自杀的人的道德，难道不应当成为我们所有人的普遍性道德吗？而且，广岛那些自杀者在无可奈何之下崩坏的道德，也并非和我们无关。

还有一名自杀者是住在广岛市郊慈善机构里的一个老人。他留下一本原子弹轰炸笔记之后，在濑户内海从轮渡上跳海自杀了。老人身上并没有出现原子病的任何症状，至少在客观上他的身体没有受到病毒的侵蚀，但由原子弹轰炸引发的毒素已经扩散到老人的内心深处。他的心理状态，应称为原子病神经官能症。而且，我也没有坚强到能保持所谓的正常心态，把那些在广岛孤独终老的人所罹患的原子病神经官能症看作是一种异常。

几年前，就在原子弹轰炸纪念日期间，《中国新闻》以特集形式刊发的题为《广岛的证词》的系列报道中讲了一位老人的故事，他深陷痛苦的泥沼，比自杀者还要不幸。当记者去访问这位老人时，他已是87岁高龄。3年前，他的孙子因原子病去世，老人一下子就精神失常，至今未能痊愈。死者父母双亡，是老人一手把他拉扯长大。后来，他到东京去上大学，由于经济困难中途退学。回到广岛后不久，就在原子病医院里被病魔夺去了生命。当老人无力给东京的孙子寄钱的时候，后者不得不去找活儿干，但他的身体已经干不了体力活儿了。回到广岛以后，他总感到身体疲劳，只能躺着。当他意识到自己视力衰退的时候，医生发现除了眼睛之外，他的肾脏也受到损害，白细胞的数量也在减少。不久，老人的孙子就因眼底出血而失明。根据报道里所写，一个月后，他先是吐血，然后不停地哭喊，不断地挣扎，接着又突然安静下来，说："我好孤独啊，好孤独啊。"在"啊——啊——啊——"抽咽了三声之后，就永远地停止了呼吸。他死得无比凄惨。

　　孙子死后很长一段时间，老人就一直呆呆地坐在佛龛前，什么话也不说。后来，有一天，他突然打破沉默，自言自语地跟死去的孙子说起话来。"小隆啊，你说你连十日元都没有。想想你那时候多可怜呀！"老人的话里总在谈钱，跟孙子有关的回忆都是由于经济上的困难造成的凄惨往事。"小隆啊，你说你要卖自行车，爷爷要是不生气，让你卖了就好了。小隆啊，都是为了钱啊，可怜的孩子啊！"对老人来说，这段跟贫穷有关的凄惨往事会一直折磨他，直到他离开人世（而且，对发疯的老人来说，那就是万劫不复的永恒了）。在这位老人的内心深处，除了无尽的悔恨，是否还有永远都无法排遣的凄惨的绝望呢？在他那已经变得单纯的意识当中，他总能看到孙子伫立在昏暗的死亡的旷野上，身旁放着那辆不让卖的自行车，穷得连十日元都拿不出来。而他印象中的自己，则是一个不让孙子卖车，总是蛮不讲理、性格暴躁的倔老头。

　　老人对记者说："小隆说，我先走了，爷爷，你快来呀！没啥可犹豫的。事到如今，说啥原子弹这那的，尽扯些没用的！东条要早升天就好了，小隆就不会死了！死去的小隆就是这么说的。想给爷爷打电话，可连十日元都没有啊，然后呢，就在房檐下滑倒了……"记者已经跟不上老人的思路了，因为他又开始跟死去的孙子说起话来："那时候，你说要把自行车卖了……"

见到记者这种外人的时候，老人疯狂的意识又回到了现实世界。尽管时间很短，但他说话的风格，就像是面对他者、畅谈雄心壮志的演说家，这一点不由得引起了我的好奇。战争期间，老人曾经是军粮厂的厂长。在他的一生中，肯定没有机会面向他者畅谈自己的雄心壮志。在跟刚去世的孙儿"通灵"之后，他坚定了一生唯一的一个雄心壮志，就是要面向他者发表演讲。演讲的风格，早就在他的意识中定型。"事到如今，说啥原子弹这那的，尽扯些没用的！东条要早升天就好了，小隆就不会死了！"

所谓文体即人，就是在这个意义上说的。一个人在他的一生中拥有了只需几秒即可说完，但非演讲文体则无以表达的极为切实的志向——能有这样的雄心壮志，真的令我们感动不已。在到处充斥着更加冗长、更加壮阔，且无比空虚的演讲的时代，这个只有几行字的演讲却让我永生难忘。

今年夏天，我在广岛跟好几个人打听这位老人后来的情况，有人说他已经死了，有人说他还在没完没了地说他那死去的孙儿和贫困造成的凄惨往事。在广岛，跟人的生死有关的季节真的是转瞬即逝。就在上文提到的《广岛的证词》里，我还看到了一篇跟韩国老妇人相关的报道，说她在原子弹轰炸中失去了五个孩子，自己则是从胸部到颈部，包括两只胳臂都被烧得疤痕累累。她住在一个破旧的临时板房里，门口还挂上了日本圣洁教团广岛韩国人基督会的牌子。街上的小孩儿都叫她"疯婆子"。她也曾经绝望过，"诅咒美国扔下原子弹，憎恨日本发动战争"。多亏她有信仰，"如果那时没有上帝的保佑，我不是自杀，就是发疯了"。现在，她却过着正常的生活，还主持着一个贫穷的小教会。"事到如今，我既不恨美国，也不恨日本了。虽说战争让我成了残废，但我作为一个在日韩国人，生活上却得到了保障，我想对日本人说声抱歉。先不说日本人如何，韩国人又如何，作为一名失去五个孩子的母亲，我只想呼吁，禁止原子弹氢弹！"

这位韩国老妇人真是异常宽容。我到楠木町四丁目附近，想去寻找她那建在临时板房里的教会。我在天满川河边四处寻找，只看到推土机来回开动，大部分板房已被拆除，仅剩的一间成了废品收购站。那里只有耐不住酷暑脱光了衣服睡午觉的人。踩乱了茂密的夏草，我空手而归。附近已经没有人知道这个韩国基督教徒的消息了。

在缅怀这位拥有基督徒灵魂的韩国老妇人的同时，我还想顺便记录下另一位韩国少年在原子弹轰炸后的广岛所留下的人生轨迹。那位少年，来去就像一阵风，就连得到他救助的日本姑娘也不知道他的去向，更别说旁人了。下面这个故事摘自桥本国惠的手记，原子弹爆炸时，她30岁，距离爆炸中心1.7公里。

　　第三天，虽说已经是傍晚了，但太阳还很高很毒，天热得恨死人。突然，一个十四五岁的少年跑了过来，看着我，对我说："在供神的地方，建了救护所，你去吗？"听他说话带着口音，说得也不利索，我一下就猜到他是朝鲜的孩子。他的赤诚之心超越了民族的偏见，让我找到了依靠。我点了点头，他几乎是背着我，把我带到了神像下的救护所。我还没来得及问他的姓名和住址，他就像一阵风似的消失在人群中。

《广岛的证词》中还记录了一位最具反抗精神的老人的故事，他既不同于从轮渡上投海自杀的那类老人，也不同于跟死去的孙儿进行孤独对话，以致发疯的那类老人。这位老人试图在原子弹受害者慰灵碑前剖腹自杀，而他的动机"并非出于绝望"，而是"因为自己年老体残，一旦自杀，其影响就会向禁止核试验的方向波及"。可是，他腹部的皮肤，并不接受他好不容易才搞到手的小刀。他"不想活着丢人现眼"，又去割脖子。然而，二次辐射引发的原子病，已经让他在体力上失去了自我了断的可能性。老人的自尊心，敏感得有些匪夷所思，他躺在广岛市民医院的病床上，还在反复念叨着那句话——"到底还是活着丢人现眼了"。1961年9月，就在那个令人郁闷的时期，老人决意自杀。因为当时赫鲁晓夫宣布恢复核试验，而日本禁止原子弹氢弹协会却没有勇气去直接提抗议。据说，这位老人性格顽固孤僻，从不跟同屋病友搭话。至于他后来怎样——是否仍然带着"活着丢人现眼"的屈辱感，带着对核试验的满腔怒火，活在这世上？——从今年夏天在广岛碰到的人们那里，我没有得到任何相关消息。唯一清楚的只有这样一个事实：在老人准备剖腹的时候，他准备了九封抗议信，但是，以美、苏大使馆为首的所有抗议对象，对此均采取置之不理的态度。

自从遭受原子弹轰炸之后，那些失去了所有家人、成为孤老的广岛老人的问题，不仅仅是上面所列举的几个典型事例，可以说，它已经成了一个普遍存在且非常严重的问题。广岛小憩家园举办的所谓救济原子弹孤老的活动，实际上就是直接解决这一问题的运动。在上文中，我已经提到过，这些老人即便在康复后离开原子病医院，也是无家可归，而且，还有各种各样的癌症在威胁着他们，这些癌症的症状又确实跟原子弹轰炸有很深的渊源。我还提到过那段充满悲叹的证词——"年轻人都死光了，就剩下一个孤老婆子……"。在广岛，我听到过无数次对丧葬逆事①的悲叹。当幸存的老人说起那些丧葬逆事的时候，他们的眼中常常会流露出一种黯然的感情，它明显不是悲哀，也不是愤怒，用一种可能被误解的说法，我想那眼神里闪现的是羞耻感。而那正是最令我感到震撼的东西。

---

① 原文为"さかさごと"，日语汉字写作"逆さ事"，字面义为颠倒的事情。日本人认为生者和亡者的世界是两个颠倒的世界，其中的万事万物都正好相反。在举行葬礼时，为了让生者死后尽快熟悉正相反的彼岸世界，就有在亡者枕边倒着放屏风（逆さ屏風），倒着为亡者盖被（逆さ蒲团），为亡者净身时先倒冷水再加热水（逆さ水）等丧葬习俗，统称为"逆さ事"。本书统一译作"丧葬逆事"。

《广岛之河》第十期上，介绍了三个普通原子弹孤老的生活，他们既没有自杀，也没有精神失常，就这么忍受一切，建立起属于自己的日常生活。毋庸赘言，保持像他们那样平静的语调，需要超乎寻常的忍耐力，绝非普通人所能及。

我今年72岁。原子弹爆炸的时候，我正在广岛市西口太田川水渠附近的一家屠宰场做工。大夏天的，我只穿了件背心，胸前挂着一条作业围裙。只听到轰的一声巨响，我就仰面朝天地给甩到事务所门前的地上。屠宰场都是光脚作业，结果我脚上扎满了碎玻璃。就在奇怪的响声中，我昏了过去。

昭和21年①2月底，我突然觉得眼睛疼，就跑到市里的A医院去看病。当时，眼睛已经慢慢看不清东西了。附近医院的医生，我也都去看过了，没有用。

遭原子弹轰炸前，我身体好得从没吃过药，可现在身体却越来越差。去年12月，我做了肝脏和盲肠手术。做完手术，结果发现胰脏也出了问题。再加上太田川水渠那边工程重新开工，市营电车要从那里通过，逼得我不得不离开那

① 昭和21年，即1946年。

儿。我都不知道多少次动过死的念头了，可又想，真要这么死了也太不值了。我就这么劝自己，劝自己回心转意。

后来，他的老伴死了，患小儿麻痹的侄儿成了他唯一的依靠。不久，侄儿也结婚走了，于是，他成了一个真正的孤家寡人。这个曾经的屠夫，还充满幽默地表示感谢，说："我眼睛瞎了，行动不便，大家都愿意帮我。我要说声烟掉了，就有人帮我捡起来。"

还有一个74岁的老妇人，在教人学琴，她是这样说的："我以前是看谱子学的琴，所以现在一看到谱子就能想起来。教人家弹琴，也就是复习以前学过的知识，所以，我就会点皮毛，教他们也就是学个样儿。弹起琴来，就什么都不用想，那可太幸福了。……我租的那个房子，从后门也能进出，很方便。倒是为了让我的狗适应楼房，稍微费了点劲儿。有失必有得。遭原子弹轰炸之后，我算是深刻体会到这句话的深意了。"

另一位74岁的老妇人，说了这样一番话："散步是最好的健身方法。没事儿我就四处走走，人们都说，你真能走。我丈夫死在中国东北，妹妹死在了冲绳。妹妹的大儿子战死在中国的华中，二儿子葬在了冲绳的健儿塔。现在，我有生活保障，有时候给人家跑跑腿儿，或者看个门啥的，精打细算地过日子。最让我吃不消的是交收音机的收听费。现在，我还有最后一个愿望，就是想到冲绳健儿塔去祭拜一下我外甥。"

这些在原子弹轰炸后幸存下来的孤老，才是我所说的"即便如此也不自杀的人"。如果说，那个双目失明的老屠夫之所以没有自杀，是由于他本身具有的坚强意志，那么，这两个74岁的老妇人没有自杀，或许是因为她们加入了原子弹受害者的组织，并由此获得了解放自我的机会。

那个教人学琴的老妇人说："加入原子弹受害者协会后，连我这种孤苦伶仃的人也交上了朋友。"那个希望通过四处散步以恢复因遭原子弹轰炸而受到损害的健康的老妇人说："昭和35年①，我加入了广岛市皆实町原子弹受害者协会，从此再也不觉得孤独了。在协会里，可以畅所欲言地谈论自己的喜怒哀乐，还有来自远方陌生人的募捐，这些温暖人心的情谊，使我心中又产生了活下去的勇气。"说到"勇气"这个词，尽管心灵受到伤害的程度不同，但是，这些原子弹孤老所说的"勇气"，和那个畸形死婴的母亲所说的"勇气"一样，都已经具备了某种道德的力量。

我曾提到过宫本定男的遗稿，他是原子病医院长期积极从事和平运动的"最后一人"。和原子弹受害者的孤老一样，宫本也具备了即便如此也不会自杀的勇气。原子病医院的病友中要是有人做了有失检点的事，他总会拉下脸来，嘟嘟囔囔地说个没完。他的自尊心很强，"比任何人、任何患者"都要强，他的一个病

---

① 昭和35年，即1960年。

友在悼念他时说，"宫本先生，您虽然我行我素、不太合群，但却是个诚实的人"。

他平常总是拉长个脸，说起人来唠叨个没完。他之所以让人觉得难以相处，最主要的原因就是，他不是一个脱离现实世界、隐居到原子病医院里来的住院病人。他从原子病医院的住院病人身上发现了现实中的社会，并积极地投身其中。因此，尽管他没有义务替医院管理者分担工作，却还是自发地要求病友，"不允许他们在病房里使用医院的餐具，在配餐室用完煤气一定要做好收尾工作"等。而且，他还是个会制作工具的人类[1]，他用火柴棍和厚纸板做成城堡，给它上色，还把小贝壳涂上金粉做成浦岛太郎。

他这种认真地投入日常生活的性格是绝望者所不具备的。然而，当他那双灵巧的手终于冷得像冰、在室内也得戴上手套的时候，他就再也不能继续做他的手工了。

我曾经提到，在他的遗稿中有一行文字值得我们注意，那就是"和悲惨的死亡进行不懈斗争的人们"。他们的斗争不是面对悲惨的死亡，或者说是反抗死亡以走向新生命的斗争，而是面对着悲惨的死亡的同时走向悲惨的死亡终点的斗争。宫本定男先生已经走到了悲惨的死亡的尽头，在他人生最后的文章中，我并不

---

[1] 原文为日语片假名标注的拉丁语 homo faber，指和动物有着本质区别的、会制造工具的人类。

认为他用错了助词。他一定是选择了最贴合他心情的词，才最后写下了"和悲惨的死亡进行不懈斗争的人们"。也就是说，在别无选择的情况下，宫本定男和悲惨的死亡进行了不懈的斗争，且从未失去勇气。他以最坚韧的人道主义者的形象，为我们留下了这篇遗稿，由此，存在主义者的世界才变得清晰明朗而为我们所有。我认为，宫本定男就是一个极具代表性的广岛的道德主义者。

如果我们要再次体验核武器那可怕的一闪的话，那么，在广岛历经浩劫而自动成为道德主义者、人性批评家的那些人，他们的智慧应该是我们在废墟上生存下去所能依赖的道德。

倘若人类有幸不会再体验核武器的攻击的话，那么，即便在那个时候，也应该牢记广岛人在经历人类史无前例的劫难时所积累下来的智慧。

在广岛这片土地上，要想拿着几年前的报纸来找人已经变得相当困难。为了继承广岛沉默者所具备的真实的道德观，我们应该做些什么？当务之急又是什么？在即将迎来原子弹轰炸20周年之际，编制"原子弹氢弹灾害白皮书"，无疑是一个很好的尝试。

1964年9月

第四章

关于人的尊严

等我回过神来，跑出去一看，战友们还站在那里，保持着敬礼的姿势。我"喂！"了一声，一拍他们的肩膀，没想到他们就稀里哗啦地散了架

这是一个核武器的时代。就像计划编制"原子弹氢弹灾害白皮书"的人所说的那样，现在大家关心的焦点不是原子弹氢弹造成的悲剧，而是它们的威力。在以此为轴心和杠杆快速运转的时代，我们日本人，尤其是我自己，到底应该记住些什么？应该永远地铭记些什么呢？

毫无疑问，最该铭记的一定和广岛有关，一定和人在广岛的悲惨有关。而且，最该铭记的一定是：不断克服这种悲惨的过程有多么困难；在不断克服悲惨的过程中，广岛如何产生了新的思想。除此之外，如今还有怎样的信条能算得上是可信的道德呢？

这是一个核武器的时代。有的国家尽管已具备制造原子弹氢弹的实力，但直到昨天它都不曾拥有核武器，它向人们展示了人类政治思想最新的形象。然而现在，就在我写作这本札记的时候，1964年10月，中华人民共和国已经不再是具有这种形象的国家了。总之，它变成了另外一种国家。此时此刻，我再次感到我要记住，而且要永远地记住20世纪后半叶地球上唯一的地方——广岛毫无保留地展现出来的人的思想。广岛就像整个人类暴露出来的最灵敏的伤口。这里显露出人的康复的希望和腐朽的危险这两棵萌芽。如果今天的日本人不将其铭记在心，那么，隐约出现在这个唯一的地方的康复的兆头就会消失不见。而我们将陷入真正的颓废。作为一个曾多次访问广岛的日本人，我想把广岛给我的启示，也就是我个人关于广岛的一些微不足道的思想记录下来。它就像是把我长期积累的有关广岛的笔记匆忙整理出来的一份摘要。中国进行核试验的那一天，都已经是后半夜了，我还是不断地被电话铃声惊醒，一次又一次，直到天亮。然而，为了解答我自己心中的广岛问题，我没有选择给报纸写稿，而是试图在这本札记中给出答案，我希望借此重新确认自己印象中的广岛。在这份答卷中，我想谈的内容主要还是围绕人的尊严的问题，因为那正是我在广岛发现的最根本的思想，而我现在想把它当作自己的精神支柱。虽然我是在广岛发现的人的尊严，但我也许无法对它做出确切的解释。因为它的思想已经远远超出"人的尊严"这几个字所能描述的范畴，而且，我从孩童时代起就一直感受到这一点。

做具体说明的话，会容易很多。虽然我无法确认，这样做是否能把我所感受到的那种尊严的感觉完整地表达出来……

比如，我曾经写过一位愤怒反抗的老人。为了抗议苏联恢复核试验，老人试图剖腹。结果自杀未遂，写的那些抗议书也无人理睬，他念叨着"还是活着丢人现眼了"。尽管这位老人因自杀失败而备受精神折磨，但我却认为他身上无疑具备了人的尊严。也正是由于这种尊严的存在，我才被他深深地吸引。换言之，除了人的尊严之外，他已经一无所有。也许有人会问：难道他活下来就只是为了失败的剖腹自杀、无人理睬的抗议、干躺在医院的病床上吗？这样的人生究竟还有什么意义呢？我想说，这位老人之所以在自杀失败之后还忍辱偷生，就是为了保持人的尊严。他人生的全部意义就是在他悲惨的晚年终于赢得了人的尊严。虽然他在自己干瘦的肚子上留下一个偌大的伤疤，只能在病床上躺着，但他的尊严足以跟那些没有任何伤疤的人相抗衡。这就是我对"人的尊严"所下的定义。

1963年的夏天，当我在原子病医院门前见到为迎接和平游行队伍来作发言的宫本定男时，我在笔记本上记下了这样一句话："他手捧花束长长地舒了一口气，带着真实的满足感和尊严退了回去。"那年夏天，我对这位身材矮小的中年男子的情况还一无所知。跟他有关的知识，我只知道他是原子病患者代表，他痛苦地站在烈日下的广场上，用细若蚊蝇的声音说道："我相信第九届世界大会一定会圆满成功！"即便如此，我还是感觉到他身上充满了不容置疑的尊严。

从那以后，在广岛，我在好几个笔记本上频繁地写下了"尊严"一词。在广岛和平运动领导人、一位老哲学家和他那位年老却充满少女感的夫人身上，我发现了尊严。在那位《广岛之河》杂志的核心人物，对广岛保守派实力人物一直持批评态度的、性格豪放、说话风趣的老妇人身上，我发现了尊严。所有这些尊严，都是我觉得最有人性的尊严，是我从孩提时就景仰的尊严，也是我怀疑自己究竟何时才能到达这一境界的尊严。现在看来，吸引我多次前往广岛的也就是广岛人所具有的这种人的尊严。

在原子病医院院长重藤先生身上我也发现了尊严，但它绝非来自原子病医院院长的权威。因为我从他们医院一位住院病人宫本定男那里也发现了同样的人的尊严。谨慎地说，我曾计划把我能调查到的这些方面的内容，也就是由个案组成的原子病医疗史都写进这部札记。但广岛的原子病医疗的历史，根本就不是在体制方面的权威的领导下发展起来的，恰恰相反，它往往是由那些跟权威坚持进行非暴力斗争的人和决不屈服、意志顽强的人从零开始发展起来的。如果再考虑到ABCC及其背后的美国占领军以及日本的保守政府，贯穿整个原子病医疗史的，反倒可以说是反体制的精神。原子病医院本来就不由政府创办，也不依靠政府投资运营。它是利用分配给广岛红十字会医院的贺年卡销售利润而建立起来的。重藤院长本人就是一名原子弹受害者，但从广岛发生人间悲剧的那一刻开始，他就一直坚持零起点的医疗和研究工作（一边还要骑着自行车奔波在废墟之间寻找瓦砾碎片！），至今仍然战斗在一线。所以我在重藤院长身上发现的尊严完全是坦坦荡荡的人的尊严，它和任何权威都不相干。在广岛，有尊严的人无处不在，他们究竟来自何方？而且，他们的尊严绝非单纯的尊严。

为了准确地说明我使用的"尊严"一词的意义，我想先来谈一谈它是如何进入我的词语世界并固定下来的，也就是说，我接下来要讲述的是我从小到大关于"尊严"一词的个人记忆。从战争年代到我上大学，尤其是开始攻读法国战后文学之后，我对"尊严"的意义有了更为准确的了解。起初，它只是作为具有那种意义的感觉进入了我的词语世界，还不具备语言的外壳。战争即将结束的时候，我这个四国山村里的小孩为了一个可怕的两难困境而苦恼不已。这个两难困境的导火索是我在农村电影院看到的一个电影片断：一名年轻的士兵被敌军俘虏，因害怕禁不起拷问会泄露军事机密，就直接自杀身亡。这个情节令我大为震撼，既感动不已，又害怕得浑身发抖。我预感到战争期间我肯定也会面临和他一样的困境。对我来说，这成了一个需要做出重要抉择的问题。我为年轻士兵的行为感动不已，但反过来，作为一个以自我为中心、热爱生命又深感不安的孩子，我怀疑这个世界上难道真有什么事情重要到必须拿自己的生命去捍卫吗？这个世界，我还是初来乍到，我还一事无成，我对自己的死感到一种难以名状的恐惧。如果有人逼我说出一个秘密，不说就会被杀，那我很可能会不争气地把所有秘密都说出来。什么时候我才能成为一个宁死不屈、抗争到底的人呢？当时，父亲和我一起在看电影。我就装出一副小孩子天真无邪的表情以掩饰内心的困惑，问他说："那个年轻的士兵为什么会自杀呢？"虽然之后不久，父亲突然离世，但当时他那简短的回答却是我有生以来听到过的、最令人震惊的大人的语言。那是愤怒的父亲对假装天真的孩子做出的惩罚。

他说："你说那个士兵吗？那是因为他就算不自杀，坦白完了还是一样要被杀掉的啊！"

父亲是否希望用他的话让我心里对那个士兵之死的看法获得某种平衡呢？就好像是说，反正士兵最终都要死，怎么死都是一样的死。但是，反正是死，怎么都是死，这种说法又让我感到了一种难以名状的新的恐惧。我可能就是在坦白之后被杀掉的那类士兵，但我对这种类型却深恶痛绝，而另外一类宁愿自杀也不坦白的士兵，却令我感动不已。可是，包括我父亲在内，没有人能告诉我，像我这样的人如何才能让自己变成宁愿自杀也不坦白的那类人。我这个小孩子在当时曾经做过各种徒劳的假设。想到将来我的战友们，为了他们我决不坦白，决不自我了断。但我却陷入两难困境。难道我能够把别人的死，看得比自己的死还重要吗？难道自己的死不是压倒一切的吗？更何况，按照父亲的看法，不管别人是生是死，自己是肯定会死的！我在充满恐惧的困境中祈祷，希望在我面临最坏的两难困境之前（如上所述，我认为这种情况迟早会降临到我的头上，并确信这就是我的宿命），能够找到足够的理由说服自己，让自己从那种可憎的类型转变成宁可自杀也不坦白的类型。

可还没等我长大战争就结束了，这个需要在战场上做出的抉择被无限期地延迟了。但即便是在无须走向战场的时代，这个两难困境依然深深地困扰着我。我究竟是宁死不屈的那种人，还是投降被杀的那种人？在整个青春时代的日常生活中，我始终都在思索这个问题。它成了我的一块心病。高中时的我性格乖僻，时而憧憬野蛮的举止，时而又确信自己是个受虐狂。不久，我上了大学，成了文学部的学生并开始攻读法国现代文学。在教室，我的头脑总会有所发现：比如，法国文学和日本文学各自都有独特的流行语，在法国文学中频繁出现的词语，它的同义词在日本文学中却遭到冷遇。在这些词中尤其吸引我注意的是下面两个词：

尊严（dignite）

屈辱或耻辱（humiliation，honnte）

这两个词都跟我少年时代就开始面对的两难困境密切相关。亡灵从未消失。当然，也不是说在日本文学中就绝对没有使用这类词汇的例子。在我国私小说的传统主题中，就不难找出屈辱、耻辱等内容。只不过在法国文学中，屈辱和耻辱这样的词都是最为锋利的、足以刺痛作家和读者灵魂的道德之剑。但日本文学中却不曾有过如此有分量的作品。另外，关于"尊严"一词，两者间的区别更是一目了然。比如"那个少年充满尊严"，像这种句子就很难在日本文学中用流畅的句法表达出来，它只能是一个翻译的句子。

于是，利用从法国文学中学到的特殊的定义，我用新的词语重新定义了自己从孩提时代就面临的两难困境：什么时候我才能从蒙受屈辱和羞耻之后无辜被杀的那种人，转变成带着尊严自杀的那种人？如今，我即将告别青春，自然不会再用这种极限状态来思考问题，因为它太过幼稚。但那些已经进入我语言世界的词语，比如尊严、屈辱和羞耻，至今仍然是我自身道德观念中最为基本的用语。在广岛，我看到了跟人的最恶劣的屈辱相关的东西。在广岛，我第一次遇到了很多最有尊严的日本人。而且，在广岛，在这个经历了史无前例的大浩劫的人类世界中，尊严、屈辱和羞耻这样的词，它们的意义都不再单纯，至少在它们出现时往往都带着双重的含义。

说到屈辱和羞耻，我曾写过一位与此相关的老人。为了抗议苏联恢复核试验，他试图剖腹自杀，失败后反复念叨着"还是活着丢人现眼了"。他的廉耻心本身就是尊严。我还写了原爆孤老们对丧葬逆事所感到的羞耻。我在原子病医院认识的一位青年妇女，时隔一年后再次住院。当我遇到她时，她说她为自己感到羞耻。在广岛，至今还有无数面带丑陋疤痕的姑娘闭门不出，为自己的面容感到羞耻。难道我们能够毫无羞愧地去理解那些经历过原子弹轰炸的受害者所感受到的那种羞耻吗？若是如此，这将是多么可怕的感觉的颠倒！

一个姑娘为她脸上有疤而感到羞耻。她心里就会以这种羞耻为分界线，把地球上所有的人分成两种：一种是有疤的姑娘们，另一种就是没疤的其他所有人。有疤的姑娘们在面对那些没疤的其他所有人的时候，因为自己的疤而感到羞耻。有疤的姑娘们在所有没疤的其他人的视线中感到屈辱。

背负羞耻和屈辱的重压，有疤的姑娘们该如何选择她们的生活道路呢？方法之一，就是躲在昏暗的屋里避开他人的视线。大多数姑娘无疑都属于这种逃避型。她们静静地躲在无数个广岛家庭的角落里。而且，已经逐渐变得不再年轻。要是不逃避的话，也会自然地分为两种类型。一种类型的姑娘希望原子弹或氢弹再次落到这个世界，让世上所有的人都跟她一样落下疤痕，以此获得精神支柱来对抗自身的羞耻感和屈辱感。到那时，这个世上最可怕的分裂就会消失，没有人会再去注视她们的疤痕，他者将不复存在。实际上，我已经听到过这种呼声，并引用过这类短歌。当然，这种诅咒不会超出精神支柱的范围。这种类型的姑娘很快就沉默下来，只能加入到逃避型姑娘的队伍之中。

还有另外一种类型。她们通过参加废除核武器运动，把自己替全人类遭受原子弹轰炸灾难的经历当成武器，为自己感受到的羞耻或屈辱附上价值。其实，我也没有必要做这么不着边际的分类。为了把广岛人已经经历和正在经历的人类的悲惨、羞耻或屈辱、凄惨等所有这一切都加以颠倒，并附之以价值；为了真正地恢复那些原子弹受害者作为人的名誉，广岛必须在全面废除核武器运动中发挥出最本质的思想根源所应有的威力。不管是有疤的，还是没疤的，所有人都必须共同确认这个威力。为了把广岛原子弹受害者从最悲惨的死亡恐惧中拯救出来，除此之外，人类还有其他什么手段吗？

因此，即便是政治力量之间的对抗关系最终导致核武器彻底废除，对于恢复广岛原子弹受害者作为人的权利而言，它也是无效的。我以道德的名义，以思想的名义，把这个单纯的定理看作最重要的东西。尤其是面对中国的核武装时，我想和自己再次确认这一观点。会有人认为这种观点太过感伤吗？可是，如果你身上有难看的疤痕，又要自己设法去治疗疤痕造成的心理创伤，那么，你就必须坚信，只有你的疤痕才具有彻底废除核武器的真正价值。难道不是只有这样才能把枉死于白血病的痛苦和恐惧感升华为有意义的东西吗？

我们这些碰巧逃过了广岛之劫的人，如果以作为一个拥有广岛的日本的人，作为一个拥有广岛的世界的人的态度为中心去思考人的存在和死亡，真心希望补偿我们心中的广岛，并赋予它以价值的话，我们不就应该朝着把广岛的人类的悲惨转变为所有人的康复这个公理得以成立的方向，去为所有核武器相关的对策建立秩序吗？在这个政治的年代，也许有人相信一个国家拥有的新式核装备反而会通向全面废除核武器之路这样的童话有可能会变成现实。实际上，既然世界已经朝着这个方向迈出了一步，那这个童话也不是绝不可能变成现实。

但我却无法装作视而不见，因为这朝着童话城堡迈出的真实的一步，确实已经粉碎了至今仍然躲在昏暗的房间里，为自己的疤痕羞耻不已，任由青春一日日流逝的那些广岛姑娘实现自我康复的希望。而且，事实上也没有任何迹象表明核武器将被彻底废除。我都没有勇气去揣测，这样的现状，对广岛人来说是一个多么残酷的事实！

请让我放肆地说句老实话吧，这个地球的人类全部都在试图彻底忘掉广岛，忘掉发生在广岛的最坏的人类的悲惨。对于自己个人的不幸，不论是大的，还是小的，我们都希望尽可能快地把它忘掉。哪怕像在街角遭到陌生人的一点点轻视而产生的那种极小的不愉快，我们也都不会把它保留到明天。这样的个人组成的庞大集体，即全人类，试图忘掉广岛、忘掉这个最坏的人类的悲惨的极点的想法也就不足为奇了。我们都用不着去小学教科书里查找有没有广岛的记忆，实际上就连成年人都不想在孩子面前提起广岛的往事。所有广岛劫难的幸存者和幸免于辐射伤害的人都在努力地忘掉，忘掉那些在广岛死去的人，忘掉那些正在和死亡做着不懈斗争的人。我们忘掉一切，设法让自己愉快地投入20世纪后半叶的疯狂喧闹之中。

1964年10月，当一名出生于原子弹轰炸当天的广岛青年被选为在日本引起轰动的奥运会①圣火传递最后一棒火炬手的时

---

① 奥运会：指1964年10月在日本东京召开的第18届夏季奥林匹克运动会，这是首次在亚洲国家举办的奥运会，因而受到社会各界的广泛关注。另，广岛原子弹受害者、田径运动员坂井义则（1945—2014）作为最后一棒火炬手在东京奥运会开幕式上点燃奥运圣火。

候，一个从事日本文学翻译的美国记者，一个理应最理解日本、最能和日本人共情的美国人，却对此提出了异议，认为这个决定会让美国人想起原子弹而感到不快。就算担任最后一棒火炬手的青年真的是个"原子男孩"①，比如身上疤痕累累，比如辐射之伤袒露在外，就算真的如此，我也不会对这个决定提出异议。恰恰相反，这些出生在原子弹轰炸当天的小伙子和姑娘（他们很幸运地活了20年），他们都是最普通的广岛人。更何况这位被选中的中跑运动员，他的身体其实非常健康，而且，他的肉体会让人不由得再次感叹人类自身的坚韧。他在巨大的体育场上奔跑，脸上露出摆脱了一切不安的人的微笑。为了正着手研究"下一代原子病问题"的广岛的重藤院长，我向这位青年健美的肉体表示了祝福。

但是，即便如此，那位美国记者还在说什么这个青年会让美国人想起原子弹而感到不快。他的目的就是要把广岛的一切从美国人的记忆中抹去。而且，这种企图还远不止出现在美国人的心中。现在，所有拥有核武器的国家，他们的领导人和他们的国民不都想把广岛从他们的记忆中抹去吗？正如"原子弹氢弹灾害白皮书"所要阐明的那样，与其说广岛证明了原子弹的威力，不如说它是核武器造成人类的悲惨的极点的证据。世人普遍的态度是

---

① 原文为日文片假名标注的外来语"アトミック・ボーイ"，源自英文"atomic boy"，即原子男孩。

暂时忘掉它，先想方设法地过下去。无论是东方，还是西方，领导人众口一词，拥有核武器是为了保卫和平。至于它将为真正的和平带来怎样的后果，也许人们可以自由地去进行各种观测，去寻找理论依据。实际上，现在全世界的印刷机都在十万火急地印制这些东西。但是，所有这些百家争鸣式的各种观点，它们的出发点显然都是把现有的核武器视作一种威力。这就是当今世界的流行趋势，抑或叫作常识。那个时候，谁还会愿意想起广岛这个人类悲惨的极点呢？

在广岛，我见过很多原子弹受害者说他们想忘掉原子弹，不想再提起那道白光。如果说谁有权提出正当的抗议，认为奥运圣火火炬手的人选令人想起原子弹而感到不快，那拥有这种权利的就只能是原子弹受害者。因为只有他们才切切实实地想忘掉那个悲惨的日子，而且，为了正常地生活下去，他们也必然会忘掉那一天。我上大学的时候，有一个朋友就是广岛出身的，但大学四年他从来都不提原子弹。毫无疑问，他有保持沉默的权利。

广岛原子弹轰炸纪念日的黎明时分，在以遇难者纪念碑为核心的各种场合，我见到过几个妇女一动不动地伫立在那里，可怕的眼神后面隐藏着无尽的忧伤。每当此时，我都会想起叶夫图申科的一首诗，诗中有这样一节：

> 她呆滞的眼眸 没有表情，
>
> 但是，不知为何那里有悲伤、

痛苦

和难以名状的

极其可怕的东西。

（草鹿外吉译）

就算我上前和她们打招呼，恐怕她们也不愿跟我说话。同样，她们也有保持沉默的权利。如果能够，她们甚至有忘掉广岛所有一切的权利。广岛已经令她们不堪重负。有些人明知这样做绝对不利于原子病的治疗，但还是想离开广岛，去别的城市定居。在他们的内心深处，不正是逃离广岛的念头在起作用吗？他们不光要逃离外在的广岛，还想把心中的广岛也驱除出去。当然，如果能够，他们有彻底逃离广岛的权利。

然而，一旦发现原子病的征兆，他就再也无法忘记广岛，更不可能离开广岛了。当然，有人也许会采取这样一种态度：就算住进了原子病医院，也尽量不去想广岛，还是过自己的日子。如果能保持这种生活态度，不去有意识地接近广岛，尽可能地远离广岛，而且，当身体痊愈重返社会之后，仍然可以跟广岛不发生任何关系的话，那么，他就是最幸福的病人。如果所有病人都能这样，该有多好啊！

不过，以宫本定男为例，他可是豁出命去参加禁止原子弹氢弹运动的一个病人。他有意识地接受了广岛。他勇敢地回忆发生在广岛的最坏的人类的悲惨，并把它写进文章，进行二度体验。

他一遍又一遍地跟来访的外国人讲述它，而且，还面带微笑。他不但没有逃避广岛，反而接受了广岛。他这么做，到底是为了谁？不是为了他自己，而是为了在他悲惨死去后还要继续活下去的所有人，是为了我们。宫本定男的热情正是源于他看到自己的死亡就在眼前且难以避免。同样死在广岛的一位优秀的诗人——峠三吉在经历了致命的大咯血之后，突然对政治燃起热情，还参加了实际行动。丰田清史证实了这一情况："24年^①4月，不可否认，大咯血使峠君感到了死亡的恐惧……而对死亡的恐惧让他下定决心加入日本共产党，并于6月5日在船越町参加了那次针对日钢事件的斗争。"

为了战胜对自己的悲惨死亡的恐惧，就必须坚信自己的死将会成为一条帮助生者摆脱悲惨死亡的线索。如此一来，死者就会化作生者生命的一部分，继续活下去。宫本定男在原子病医院所从事的活动也好，峠三吉的入党也好，都是把自己死后的生命当作一种赌注。因此，我不由得心生疑虑，萦绕在我心头的恐惧岂不是要把他们的死亡赌注变得毫无意义吗？宫本定男他们临死之前是否已经预感到了这一点？这种恐惧感一直萦绕在我心头。我们这些地球上的所有的幸存者，难道不是在否定他们的死亡赌注，并拒付赌资吗？

也许，我应该把这些死者称作圣人。可是，他们并不信仰任

---

①　此处应指昭和24年，即1949年。

何宗教，诗人峠三吉甚至还是一个共产主义者。然而，如果按照下面这段对话中阿尔贝·加缪对圣徒所下的定义，那么，如此称呼他们，似乎也无不妥之处。"我关心的问题是如何才能成为圣人。""可你不是不信上帝吗？""所以说，今天我知道的唯一的一个具体问题就是，不依靠神，人能成为圣人吗？"

如果还有人对"圣人"一词有反感的话，那么，就想一想塞利纳①用粗野鄙俗的笔调写下的这段话，同时，再想一想至死都没有沉默的那两位死者。"啥叫完败，一句话，就是忘记，尤其是忘记那些整死自己的玩意儿。还有，就是死到临头，还不知道人这玩意儿多不是个东西。当你一只脚伸进棺材的时候，再折腾也没戏了。但也不能就这么算了。你在人这玩意儿身上发现的阴险毒辣，全得给它端出来，不然，你死都闭不了眼。要能做到这一点，那就算没白活。"

关于那个人类悲惨的极点，广岛的幸存者没有继续沉默，也没有试图将其忘记，相反，他们要讲述它，要研究它，要把它记录下来。这个沉重的行动，真的需要付出非凡的努力。广岛之外的人很难准确地推算广岛人必须克服的诸如厌恶感之类的情感的总量。唯一拥有忘记广岛、对广岛保持沉默的权利的人，反而在勇敢地讲述它、研究它，并把它记录下来。

---

① 塞利纳（1894—1961）：法国作家，善用口语，文体独特。

《广岛之河》的妇女们，推动"原子弹氢弹灾害白皮书"计划实施的人，以重藤博士为首的原子病医院的医生们，还有那些克制地轻声讲述自己的坎坷、诉说自己心中的广岛的所有原子弹受害者——在这些广岛人的身上存在着真正的人的尊严。现在看来，这已不足为奇。只有这样，有尊严的人才会来到我们的世界。

自我儿时陷入两难困境起，对于如何才能使自己拥有尊严这道作业题，我至今没能交出一份像样的答卷。不过，我想我似乎已经找到一个办法保护自己免遭屈辱和羞耻，那就是永远不要忘记广岛人的尊严。

1964 年 10 月

第五章

不屈的人们

孙子的前面站着一个一丝不挂的姑娘。她接过5人份的压缩饼干，就突然倒在地上，一动不动了

关于人类世界，使用那种可称之为善恶二元论之类的思考方式的人已经为数不多了。那是已经消亡了的潮流。不过，在一个原子弹受害者的意识的宇宙当中，应该存在着某年夏天突然显现的绝对的恶，还有之后坚忍反抗恶、力图恢复这个世界人性平衡的善。就在爆炸的那一瞬间，原子弹就成了人类恶的意志的象征。它成了暴虐的罪恶之神、最为现代性的瘟疫。有一种解释，说原子弹是尽快结束战争所必需的武器，试图往善的方向来解释原子弹本身，可这样的解释都不足以让那些参加投弹的士兵获得良心的安宁。不管是联合国军队，还是日本军队，不管对于攻击和被攻击的双方而言是利还是弊，原子弹所暴露的是战争本身恶的本质。然而，就在同时，在遭到毁灭性破坏的荒野上，善的意志也开始行动了。参加行动的这些人身上体现了人的善的意志，以及希望重生和康复的意志。有的是受伤的原子弹受害者自身的求生意志，有的则是医生们为救助伤者从零经验出发所做的努力。广岛人从那个夏日清晨开始的活动的价值就在于他们要跟包括造出原子弹在内的人类取得的所有科学进步的总量进行对抗的雄心壮志。若要相信这个世界上确实有所谓的人的和谐、人的秩序的话，那么，广岛医生们的努力就必须足以和原子弹本身的罪恶的深重相抗衡。

我总是做一个跟信任人性的力量或是人道主义有关的噩梦。这是一个类型特殊的、跟信任人性的力量有关的噩梦。我非常讨厌那种类型的人道主义（而且只能是人道主义），但又不由自主地经常会思考这个问题。

我怀疑，向广岛扔原子弹的时候，决定此次轰炸计划的那帮美国知识分子，他们是不是也想到了那种"对人性的力量或人道主义的信任"。如果把散发着绝对毁灭气息的原子弹投向广岛的话，那里就会出现一个科学上已经可以预见到的地狱。但是，它不会是一个一举毁灭人类文明史全部价值的最坏的地狱。它也不会是一个让所有人只要一想到它就心生厌恶，甚至不想继续做人的万劫不复的最坏的地狱。它更不会是一个让美国前总统杜鲁门先生终生一想到它就夜不成寐的、无可救药的、没有出口的地狱。因为，在遭受原子弹轰炸后的广岛的土地上，还有一群辛勤工作的人，他们要把这个地狱变成最富人性的地狱。我怀疑，他们之所以做出投掷原子弹的最终决定，正是出于对某种荒谬的人道主义的确信，也就是说，他们认为即将被他们推入地狱的敌人身上具有人性的力量。

假设原子弹轰炸的不是广岛，而是刚果的利奥波德维尔①，那么，在瞬间造成大量人员死亡之后还将面临这样一个局面，即

① 利奥波德维尔：刚果（金）的首都金沙萨，原名利奥波德维尔。

伤者被完全放弃，并陆续死亡，随之而来的将是瘟疫的大流行，也许还有可能再次爆发鼠疫。那里将成为一片死亡的荒野，所有人都将被死神毫不犹豫、毫无保留地带走。没有人来为死者收尸，在二次辐射的威胁消失之后，胜利方的调查团将会踏上这片土地，他们会体验到最糟的呕吐感，有些人甚至会精神失常。整座城市就像是纳粹集中营的毒气室。在那里，所有人都死绝，看不到一丝人性的希望之光。即使是最坚强的人，想到这种假设的场景也会受到最强烈的精神冲击。除非是偏执狂式地屠杀奴隶者的后代，否则，向利奥波德维尔扔原子弹的决定就会被无限期推迟。

然而，只要把原子弹扔到广岛，就不会出现上文所描述的最坏的事情。在遭受了灭顶之灾，整个城市化为丑恶的巨型毒气室之后，广岛人并没有让这场悲剧的始作俑者和原子弹轰炸者发自内心地认识到他们犯下了多么可怕的罪行。在遭受原子弹轰炸后不久，广岛人立即投入到重建这座城市的斗争中。这样的努力，无疑是为了他们自己，但同时，也是为了减轻原子弹轰炸者的良心不安。

这种努力已经持续了20年，至今仍在继续。一个身患白血病却没有自杀的姑娘，为了自己的生命而忍受病痛的折磨，这就等于减轻了原子弹轰炸者一人份的良心不安。

由其他城市的人来决定向某个人类的城市投掷原子弹——这事实属异常。科学家们应该不会想象不到遭受原子弹轰炸后的城市将会变成人间地狱。即便如此，他们依旧做出了这个决定。其中的原因很可能是他们早就盘算好，确信在毁灭与恢复之间会出现所谓的预定调和①。他们认为，就算这颗令人绝望的、毁灭性的炸弹爆炸的话，这片土地上仍会有人做出善的努力。这种善的努力，不但能抵抗巨大的恶的总量，而且还可以把这个武器的威力所造成的后果从一个极限和缓地推向另一个极限，把它从一个拒不接纳人类的恶魔之地转变成一个人类能从此发现希望的地方。

这一定又是对"人性的力量的信任"，是对人道主义强韧性的依赖心理的体现。这种对自己即将给予致命打击的敌人身上"人性的力量的信任"无异于恶狼对那些被自己袭击之后还有能力自救的羔羊的信任。这就是我做过的最丑陋的人道主义的噩梦。然而，我并不认为这只是我的妄想而已。

我想起比治山上ABCC候诊室里那些平静地等待诊治的原子弹受害者的忍耐力。至少，他们斯多葛式的克己禁欲主义确实极大程度上减轻了美国医生们情感上的负疚。

---

① 预定调和：又叫"预定和谐"，是由莱布尼茨提出的理论。莱布尼兹认为，构成各种复合物的最后单位是真正单纯的存在，称为"单子"。"单子"是精神性的存在，有"知觉"和"欲望"。每一单子都凭其"知觉"而能够反映整个宇宙，就像镜子照物一般。最高的单子是上帝，上帝创造了其他所有的单子。上帝在创造单子时已事前规定，令它们在发展过程中自然地保持一致与同步。这就是所谓的"预定和谐"。

　　然而，政治上的强者轻蔑地认为，人不论被踢到多糟糕多恶劣的泥沼当中，都能设法自救。哪里还有如此可怕、荒诞的想法？哪里还有用如此极端的卑劣修饰起来的人道主义信仰？

　　我对《圣经》几乎一无所知，不过，我想，之所以会发生大洪水，可能是因为上帝十分确信在洪水过后诺亚将重建人类世界，所以祂才会降下那场经久不息的滂沱大雨。假设诺亚是个懒汉，或是歇斯底里的绝望主义者，根本没有重建的能力，洪水过后人类世界变成了一片永恒的旷野，那么，上帝在天上也会很狼狈。幸运的是，诺亚具备了重建的能力，所以，洪水的威力也没有超过上帝的预计，在人与上帝的秩序内完成了使命。正如上帝事先就已确信的那样，一切都在预定调和的范围之内。但这样的上帝不是很卑鄙吗？

　　广岛原子弹就是20世纪最恶劣的大洪水。而广岛人在大洪水袭来之时就迅速展开行动，力图恢复他们的人类世界。他们不仅试图自救，而且还拯救了给他们带来原子弹灾难的人的灵魂。现在这场大洪水还处于冰冻状态，但不知何时它又可能会解冻，融化成一场在世界各地四处泛滥的大洪水。也就是说，各个国家拥有核武器——这个癌就是20世纪地球时代的大洪水，而广岛人曾经拯救过的灵魂就是现在我们所有人的灵魂。

　　尽管困难重重，举步维艰，但广岛医生在大洪水后迅速展开的行动仍然成绩斐然，且十分感人。我手上有一份调查问卷。这

是一份非常可怕的调查问卷。它就像是危险的试验用药，因含有
剧毒而被禁止用于和平年代的市民生活。在日本战后展开的追究
道德责任的调查问卷中，我认为这份问卷是最可怕的。问卷里的
问题看上去都语气平和、轻描淡写，甚至还带些例行公事的口
吻，但不得不说，隐藏在这些问题背后的检举揭发真的叫人胆战
心惊。

这是1958年广岛市医师会对原子弹轰炸后幸存会员所做的
调查。问卷卷面只有半纸①二分之一大小，《广岛原子病医疗史》
一书中登载有凸版印刷的问卷，但字迹模糊。除了整理过的问卷
答案之外，《广岛原子病医疗史》还收录了一篇附记——《谨向
在答完问卷后不幸去世的人致哀》。经过仔细辨认，我把自己能
看清的问题列举如下。由于《广岛原子病医疗史》的编者们不曾
注意到这些提问背后所隐藏的可怕意义，我只能用放大镜去一一
辨认那些凸版印刷的答卷。

一、原子弹轰炸时（昭和20年②8月6日8时15分），您
在什么地方？

正在服兵役　　正在外地疏散　　在广岛

二、原子弹轰炸时，您是否参加了伤员的救护工作？如

---

① 半纸：日本纸的一种。长24—26厘米，宽32.5—35厘米。
② 1945年。

参加，请告知时间地点。

时间：

地点：

三、您在原子弹轰炸时是否受伤（外伤、烧伤、恶性症状等）？请告知伤病名称。

四、请告知除您以外曾参加救护工作的医生姓名。

这份调查简直就是在责问广岛医师会的所有会员，当原子弹爆炸时，他们是否履行了医生的职责。

假设有医生遭到轰炸但没受伤，逃离广岛没有参加救护工作的话，那么，这份调查问卷将会如同一把利刃刺向他们。在遭到原子弹轰炸之后，广岛的医生就算失去从事救护活动的意志，那也应是人的自然反应。不过，在做过这份问卷之后，他将永无安眠之夜。尽管如此，医生们在拿到这份问卷之后，还是诚实地做出了回答。现试举几例如下。姓名后括弧内标注的是原子弹受害者的住址及其与爆炸中心之间的距离。

佐竹伸生　已故（富士见町二/1.1公里）

在富士见町二丁目被炸。头部有外伤，由于长年担任特约医生，从爆炸当日起就在被服厂作为救护人员坚持诊疗工作。9月7日妻子因原子病死亡，本人亦从10日前后出现脱发、皮下出血、发烧等症状，由于原子病症状明显，被迫放弃急救和救护工作。之后，上述病状持续约三周。

土谷刚治　已故（千田町一/1.5公里）

在千田町一丁目自己家中被炸。本人头部负轻伤，但因家中有人负伤，携家属前往兵工厂附近的民宅时被不由分说地带至兵工厂。在该厂同已故的结城英雄医生等人一同参加救护工作，直至停战。之后又被疏散至户坂村，在该村村公所所设的广岛市救护站一直工作到10月前后。

米泽贞二　（舟入本町/1.4公里）

在舟入本町被炸。双手手背、前胸、下肢负伤。8月6日至8日，在舟入国民学校，同古泽秀夫医生（参加救护工作10天后，因原子病去世）一起参加救护工作。

国有国民　已故（白岛九轩町/1.7公里）

在白岛九轩町家中被炸。从倒塌的房屋下爬出后（房屋财产全部烧毁），在屋后的河边避难。一夜之后，从次日即7日起，身着血染的衬衣，在神田桥畔的救护站参加了伤者的救护工作。约4个月后迁往江田岛。被炸后，出现全身倦怠、食欲不振、脱发和严重的全身瘙痒等症状。自昭和23年①春始，全身各处出现紫红色的皮疹和溃疡，虽经多方治疗，终在（昭和）24年②3月死于原子病（家属代答）。

---

① 1948年。
② 1949年。

从上述示例答卷中可以清楚地看到，广岛医生在自身被炸受伤的情况下仍然迅速地加入了救援行动。和他们身边痛苦呻吟的患者一样，医生们也不了解这种病症可怕的真面目，他们的内心也同样充满了深深的不安。从广岛医师会元老级人物松坂义正的手记摘录中，我们可以想象遭受轰炸后的救援行动究竟是如何展开的。

我能获救，真的是九死一生。我告诉自己，就算躺着，我也要去救那些负伤的市民。我就用这个信念抽打自己无法动弹的身体，让我儿子（医学生）背着我再次回到东警察署门前。从警察署找了条凳子坐上，身边插上一杆太阳旗，然后，在三名护士和周围人的协助下开始了救护工作（我的家人在逃难时带出来一个手提箱，里面装着警护团制服、消防头盔、表、两千日元现金、日式布袜和太阳旗。这些东西马上就派上了用场）。

说是救护，其实保管的医疗器材已经全部烧毁，只有警察署仅存的一点油和红药水而已。在万般无奈的情况下，只能给过来疗伤的众多患者涂上油治烧伤，涂上红药水治创伤。田边署长还拿来警察署的威士忌等酒，给那些昏迷不醒的人灌下，这主要是从精神上鼓励伤者。我不断认识到，有医生在的话，就会给伤者的精神带来一种激励，但同时，我也在焦急地等待着救援队伍的到来。总之，东警察署仅存的那点油，全给涂光了。

根据《广岛原子病医疗史》的记载，遭原子弹轰炸时，广岛市内共有医生298名。按照从事防空业务命令书的规定，他们被禁止向市外疏散。牙医、药剂师、护士、助产士和保健员也一样。他们或许是不得已才留在市内，然而，就是这些人，在遭到原子弹轰炸后，立即表现出了舍己救人的精神。那些向幸存医生发放调查问卷的人，他们之所以不曾留意到问题的残酷性，也许正是由于他们和那些幸存的医生是同事，共同参加了救援工作并亲眼见证了广岛医生的献身精神。

原子弹轰炸造成60名医生当场死亡，能够以健全体魄参加救护工作的有28名医生、20名牙医、28名药剂师和130名护士。此外，从问卷调查中我们还可以清楚地看到，还有一些身负重伤却坚持参加救护工作的医生。但是，需要他们救助的市内伤者人数却达到了十几万人。要说谁有资格绝望到虚脱的话，那就是他们，就是这群广岛大洪水过后的医生。实际上，真有一位年轻的牙医，因不堪忍受绝望而自杀身亡。他双臂骨折，半边身子被烧伤，在身负重伤的情况下参加了救援行动。由于过度疲劳，出现了"神经衰弱倾向"。但只要是个正常人，在经历了那场浩劫之后，再加上连日的劳累，谁心里不会出现这样的倾向呢？有一天，他向一位老医生提了一个问题：战争都结束了，广岛人为什么还要遭这样的罪？显然，他没有得到满意的答案。30分钟后，他在坍塌的墙上找到一个暴露在外的螺栓，系上绳子，上吊自杀了。经过不断思考，这位年轻的牙医意识到，战争虽然已经结束，但对于广岛人而言，真正悲惨的战争也许还没有结束。这场战争还要持续几十年（至今已持续了20年），并通过原子病殃及后代，它也许永远都不会结束。一想到这场最坏的可疑的战争才刚刚开始，他除了选择自缢身亡，别无他法。这位青年的想象力无疑极具人性的天资，可它却对青年造成了难以承受的压力。这位青年医生的自缢，虽然悲惨，却并非不自然。唯有将其视作当时的背景，我们才能真切地认识到，那些"即便如此也不自杀"的广岛医生，他们所开展的活动的真正分量。他们人数有限且身负重伤，却凭借匹夫之勇穿梭在全市堆积如山的尸体之中，只用红药水和油处理了十几万伤者。这些医护人员所付出的义无反顾的努力，才是大洪水过后出现在广岛的第一缕希望之光。

　　20世纪的文学一直都在描写各种各样的极限状态。不过，极限状态大都和人类或宇宙的恶的意志有关。如果"恶"这个字令人产生道德上的联想，那么，也可以用"荒诞"一词来代替，诸如战争、暴风雨、洪水、鼠疫以及癌症等。颇具暗示意义的是，在上述所有情况下，希望与恢复的征兆，也就是善的意志、秩序和道理的征兆，当它们出现时并不具有极限状态的恐怖形式，而是带着日常生活的微弱光芒。比如，在北非的某座城市，肆虐的鼠疫使整座城市陷入了异常的极限状态。但是，那里的医生和市民，却是在日常生活的平常，慢条斯理的感觉，平凡，还有沉闷无聊的机械性重复等充满人性的各类性格的帮助下，才得以跟鼠疫展开顽强的斗争。

越是明察秋毫、对极限状态有整体把握能力的人，就越容易陷入绝望。只有那些把极限状态当作日常生活的一个侧面来看待的眼拙之人，才能够与之抗争。我还必须补充说明一下"眼拙"这个词的意思。因为只有眼拙之人，在观察极限状态时才会对这个状态视而不见，才能在这一状态下不绝望，才会产生人类的匹夫之勇。这"眼拙"的下面，有忍耐的支撑，背后则是明察秋毫的火眼金睛。

据记载，有人曾预言，遭受原子弹轰炸后的75年之内，广岛的土地上将寸草不生。与其说这是一位犯了性急错误的愚蠢的预言家，不如说，这才是一位极限状态的最诚实的观测者。他的预言立刻就被推翻了。因为夏末的雨水很快就在这片荒芜的土地上催生了新芽。然而，在那土地的更深处不是正在发生着真正的破坏吗？我曾在显微镜下观察过阿拉伯婆婆纳的标本，放大后的细胞呈现出难以形容的微妙的丑陋的扭曲，我就像是看到了受伤的人体一样，感到阵阵难以抑制的恶心。实际上，今天广岛所有枝繁叶茂的植物难道不是都可能受到过这种致命的破坏吗？

然而，一旦青草在眼前的焦土上发芽，人们就会相信它。在新的异常出现之前，人们就会放弃绝望的想象力。只有这么活着，人们才能保持住日常生活的平衡，不向极限状态屈服。广岛没有一种活法可以让人活得像个真正的人。在几十年都没有希望长出绿草的土地上，除非是对青草的未来持有乐观态度的人，否则，谁还有力气一点一点地去付出努力呢？

更何况，他还必须有一双敏锐的慧眼，在青草繁茂的拂晓密切关注青草内部的异常现象。他必须是一个真正的人道主义者，既不过分绝望，也不盲目地沉醉在空虚的希望之中。1945年夏天的广岛，最需要的就是这种真正的人道主义者，而他们也出现在了广岛。正因如此，人类在经历过史无前例的绝望之后迎来了生存下去的希望之光。

当那个年轻的牙医问道：战争都结束了（不过，另一场残酷的战争刚刚打响），广岛人为什么还要遭这样的罪？那位老医生沉默了。就算这位青年有足够大的声音能够向全世界的每一个人提出这个问题，恐怕也是谁都无法回答，因为这是一个"荒诞"的问题，是一个无人能够回答的问题。老医生默默地忙着自己的救护工作，无疑，他同样也处于过劳状态。30分钟后青年之所以因绝望而自缢，很可能是因为他已经意识到，这位老医生的沉默并不仅仅是他个人的沉默，那是全人类的沉默。没有人能够把如此绝望的、提出如此"荒诞"问题的人从自杀的深渊中解救出来。青年自缢身亡，老医生却勇敢地活下来，带着他那双"拙眼"，作为一个不绝望的人，继续着救护工作。

但是，老医生的内心深处也不是没有提出过这个"荒诞"的问题。或许啃噬他内心的绝望感，比那位青年的还要沉重，饱含着不祥的毒液，不，很有可能就是这样。只是他，既没有屈服，也没有绝望。也有可能是他被剥夺了屈服和在绝望中自缢的自由。当他把那位年轻牙医的尸体从倒塌的墙上放下来的时候，他的内心该是多么痛苦和抑郁。年轻同事的这具尸体，虽然双臂骨折、半身烧伤，却并非死于肉体上的重伤，而是死于心灵上的创伤。在医院的院子里，尸体堆积如山，每天黄昏时分，都有尸体在此火化。老医生只能把年轻同事的尸体放在死人堆成的小山顶上，此时，他的内心会感到更加痛苦和抑郁。而青年提出的那个"荒诞"的问题却没有随着尸体的火化而消失。"战争都结束了，广岛人为什么还要遭这样的罪？"这个问题将会在老医生内心深处一个阴暗的角落里时常地响起。而且，在这20年的漫长岁月里，他从不曾屈服，也不被允许屈服……

这位老医生，就是重藤文夫博士。他之所以会比年轻的牙医感到更深的绝望，那是因为年轻的牙医感到的只是一种预感，一种茫然的恐惧，但博士却已经在现实中逐渐地看清了事实真相。

就在广岛遭原子弹轰炸前一周，重藤博士到日本红十字会医院赴任，而有史以来第一颗在人类头上爆炸的核武器，把他此后的人生同广岛紧密相连，并使他成了一个真正的广岛人。爆炸发生时，他正好在广岛站东口。被炸得头破血流的他，爬起身来做的第一件事就是穿过被原子弹夷为平地、化作一片火海的街道，奔向靠近爆炸中心的日本红十字会医院。最初，周围一片死寂，不一会儿，街道上到处都是来自阿鼻地狱的哀号声。博士他们在日本红十字会医院开展救援行动的日子里，那凄惨的哀号声从来就没有停止过，而堆积在医院院内的尸体则散发出可怕的恶臭。

给我点水

——原民喜

给我点水，

啊，给我水

让我喝点水

还是死了好啊

死了好

啊

救救我，救救我吧

水

水

求求您，

求您了！

哦——哦——哦——哦——

哦——哦——哦——哦——

天裂了

街没了

河水

还在流

哦——哦——哦——哦——

哦——哦——哦——哦——

夜来了

夜来了

两眼干涩

双唇溃烂

刺痛阵阵

人啊

步履蹒跚

人啊

面目全非

人啊

痛苦呻吟

　　这颗威力无比的奇怪的炸弹，究竟有什么特点？重藤博士在从事救护工作的过程中，逐步揭开了原子弹可怕的真面目。广岛所有的幸存者都在利用各自的方法接近真相，重藤博士的方法只是其中之一。年轻时，他曾在九州帝国大学内科教研室待过，是一个没有工资收入的副手，却对放射医学涉猎颇深。他发现，日本红十字会医院的 X 光胶片已经感光，而且，准备记录原子弹受害者病情的胶卷也无法使用。在大街小巷做调查的时候，他还捡到了一块瓦片，上面印上了荠菜的影子。一个可怕而真实的形象，开始在博士的头脑中清晰地呈现出来，这是一颗有放射性的炸弹。三周后，东京过来的科学家们证实，那就是一颗以铀为原料制成的原子弹。

虽然查明了突袭这座城市，并使之遭受灭顶之灾的罪魁祸首是原子弹，却不能为当地的医生提供任何有效方法去战胜这个巨大的困难。重藤博士他们只是确认自己的敌人是最凶恶和最强大的，至于治疗方法，也只是外科手术、注射强心剂和营养剂而已。

当急性原子病的症状日益明显的时候，医生们是如何应对的呢？时任日本红十字会医院内科部长的朝川博士，在《广岛原子病医疗史》中真实地披露了当时进行艰苦斗争的情景。

> 不知什么原因，有的人身上没有外伤，却老说他浑身乏力，然后就开始流鼻血，还有血便，浑身上下出现皮下血斑，然后就死了。一开始，谁也不知道死因是什么。不过，根据内科医生的常识，找不到病因的时候，首先就要查血。于是，我就从地下室找来验血的仪器。当我看到白细胞时，

大吃一惊。难怪他们会死，白细胞少到那种程度，人肯定是活不了的。

身处极限状态还能坚持"内科医生的常识"，这位医生的顽强意志深深地感动了我。然而，疾病虽已发现，却无药可施。病人流鼻血，就只能用止血栓进行压迫止血。但是，就连出血的原因和过程，医生都搞不清。只知道一旦有出血症状，这个原子弹受害者就已接近死亡深渊的边缘。就在遭受原子弹轰炸后第二年的冬天，这些恶性的急性原子病患者全部死亡。至少从表面上看，急性原子病问题已经结束。

当人类受到史无前例的、占据压倒性优势的"恶"的攻击的时候，应该说，第一回合，人类以失败告终。医生们面临诸多不利条件，无疑处于劣势。但即便如此，重藤博士他们仍不屈服，实际上也不允许他们屈服。因为他们的强敌——白血病最可怕的一面已经逐渐清晰地呈现在他们面前。

敌人的威力，强大无比，压倒一切，这一点越来越清楚地摆在重藤博士他们面前，可他们没有屈服。他们其实只是拒绝屈服而已。没有任何有利的预见有助于他们的不屈服。可他们就是拒绝屈服。

假设他们真的屈服了，那么，《广岛原子病医疗史》只用几页描写一下最初的失败就能结束。进入广岛的占领军也一样，不知道该如何对付他们自己扔下的这个庞大的怪物。他们也只能是成立ABCC，由此入手，设法寻找线索。攻击方最终依靠的还是被攻击城市中幸存医生充满人性的努力。如此这般，层层理由，始终不容许广岛医生屈服。缠绕在他们内心中的绝望，比起那个自缢身亡的青年牙医来，更加具体，更加真实，但他们拒绝屈服。在长达20年的岁月里，他们始终拒绝屈服。那只怪物显露的形象越来越丑陋，越来越阴暗，而且又总是比医生们更占据优势，但即便如此，重藤博士他们还是越来越不肯屈服。

时至今日，没有任何可靠证据可以让我们相信拯救原子弹受害者的人类的善，比制造核武器的人类的恶更加占据优势。总之，盼望当今世界恢复人类和谐、人类秩序的人都应该密切注视广岛医生持续了20年却胜算不高的斗争。

1964年11月

第六章

一个正统的人

在浅野泉邸的水池里，活着的鲤鱼在死尸中间游来游去

　　一名游客偶然来到某个城市，在那儿卷入了一个困难的事件，他接受了它，并努力将它解决。这是通俗小说作家惯用的套路。原子病医院院长重藤文夫就像是那个游客，来广岛赴任，还没搞清东南西北就碰到了那个可怕的日子。当鼠疫猖獗时，城市就会发布戒严令，像个孤岛一样被封锁起来。广岛虽然遭到当代最凶残的"鼠疫"的袭击，却没有封城。只是重藤博士从此将自己封锁在这个城里。遭原子弹轰炸之后，有很多医生迅速地开展救援活动，和他们一样，重藤博士也开始同这颗奇怪的炸弹所造成的后果展开斗争（在奔赴日本红十字会医院的途中，在东练兵场，他救治了一对浑身是血的医生夫妇。他和他们素昧平生，没有互留姓名，就匆忙道别。在广岛市医师协会进行的、关于轰炸当时参加救护活动情况的问卷调查中，有一个医生在问卷中写道，当时身负重伤，虽在东练兵场接受治疗，但仍动弹不得，因此未能参加救护活动。就这样，时隔13年之后，这两位医生再次相逢），而且，坚持了20年。重藤博士从正面接受了广岛的这场悲剧，战后20年间，他一直在承受着，在顽强地坚持着。在这20年间，可能从未有过一个瞬间，能让医生们觉得自己制服了原子弹的凶暴。他们的斗争总是慢一拍，总是被动。间或闪出一线希望，却即刻为悲惨的新预兆所覆盖。正因如此，我更加认为重藤博士是从正面接受广岛悲剧，并以最大耐心坚持斗争的广岛医生的一个典范。对他来说，斗争不仅限于医学领域，它还涉及包括政治在内的人类社会所有错综复杂的问题。

重藤博士院长室的文件柜里，收藏着两篇早期寻求原子弹悲剧线索的、具有纪念意义的论文。其中较早的一篇为《原子弹导致脱发者的统计性观查》。这个标题是如此简朴，可见当初人们开始寻找原子弹悲剧真相的时候，出发点是多么基础。在统计脱发者人数的时候，调查者看到这些数字背后隐藏着一个极其恐怖的巨大阴影。

另一篇论文是当地一位名叫山胁卓壮的青年医生写的《关于广岛原子弹受害者的白血病发病率及部分临床观察病例》。1952年，这篇论文在血液学会学术研讨会上发表，第一次使用原子病这个名称，正式将广岛原子弹受害者和白血病联系在了一起。

一线的医生早就注意到，广岛原子弹受害者中出现了大量的白血病患者，而且人数还在不断地增加。对X光医学造诣颇深的重藤博士，就是最早对广岛白血病真相做过可怕猜想的人们中的一员。广岛的一个内科医生在报纸上发表文章，对这种白血病提出了怀疑，但立即遭到ABCC的猛烈抨击，从而妨碍了广岛市民对白血病也属原子病的常识性认识。重藤博士选中了年轻的医学生山胁，并给他很多启发，于是，山胁便开始着手跟白血病相关的、具体的统计工作。然而，要开展这方面的统计，首先需要有一个统计的标准，也就是普通意义上的白血病相关的统计数据，而当时的日本却没有这样的标准。因此，调查伊始，山胁就面临一个难题，就算统计表上登记了广岛白血病病人的人数，也无法判断是否正常。于是，山胁就不得不从多方面着手展开调查。

他写信给全国的大学附属医院，试图把各家医院的白血病病例当作参考数据，不久，便收到了回复，这成了他开展工作的基础。为了统计广岛市白血病患者的情况，他逐一查阅了约3万份广岛战后死者的诊断书。然后，不断地走访死于白血病的死者们生前的主治医生，了解诊治情况，搜集样本。

就在此时，山胁的调查工作引起了ABCC的关注，他们为他提供了汽车和资料，大大地推动了统计工作的进展。一般来说，没有足够证据证明ABCC对日本医生以独特方法探索原子病持善意态度，所以，山胁应该说是一个幸运而特殊的例外。两年之后，他完成了这项具有划时代意义的统计工作。

目前，山胁在广岛开了一家儿科诊所。他现在所从事的儿科工作，和《关于广岛原子弹受害者的白血病发病率及部分临床观察病例》之间看起来并没有什么特别的直接联系。当谈到论文写作过程的时候，山胁的脸上流露出怀念之情。我问他，为什么没有继续从事原子弹受害者的白血病研究工作，这个问题似乎让他感到非常意外和唐突。我立刻就意识到，自己提了一个多么不合时宜的问题。我们这些广岛的游客，总想在那里找到具有自我牺牲精神的圣人。毫无疑问，这种游客心态是有悖常理且不负责任的。山胁的论文，不辱使命，让他获得博士学位，为他开业行医奠定了坚实的基础。重藤博士就是以这种不为个人增加过分负担而又切实有效的方法，坚持对原子病进行具体的研究的。

不过，作别山胁之后，我就马上返回原子病医院，向重藤院长提出了同样的问题。我说，一般情况下，一个年轻的实习医学生在获得博士学位之后就不能继续研究原子病吗？对这个问题，重藤博士是这样回答的：

> 无论原子病医院的医学负责人如何满怀热情地探索原子病，对年轻的医学生们来说，原子病很难说是那种能让他们感兴趣并奉献终生的课题。对于这种无法根治的疾病，采取的办法只能是常规的日常性处理。也就是说，它不适合作为医学倾注热情的对象。而且，只搞原子病，也不利于年轻的医学生成长为一名真正的医生。

对于这种无法根治的疾病所采取的办法只能是常规的日常性处理。博士的这番话充满了无尽的苦涩。据山胁讲，重藤博士是一个特例，从遭受原子弹轰炸之后，他就一直坚持在当地进行原子病研究。一般来说，在一个连研究设备都不具备的医院，挑战和原子弹相关的所有问题，尤为年轻医生所忌。特别是广岛还处于被占领状态，就更是如此。就在这种情况下，重藤博士启发一位年轻的实习医生，指导他写论文，以取得在原子病研究方面的进展。同时，又尽力让这位青年医生获得学位，并在之后的实际生活中实现了预定目标。这些具有现实意义的做法直接反映出重藤博士的人格力量。

重藤博士还跟我谈到山胁的论文在申请获得博士学位过程中所遇到的各种困难，以及他本人的忧虑。这篇论文的重大意义已经不言自明（论文一经发表，就引起了强烈反响，重藤博士甚至不得不去费心保护这位年轻的医生免受政治风波和媒体的攻击），但不可思议的是，当时的血液学会却没有给出公正评价，其直接原因就在于当时的人尚未弄清原子弹所引发的各种灾难的全部真相。

也就是说，一些医学权威承认，根据山胁的统计，可以看出广岛原子弹受害者中患白血病的人数在明显增加，但是，仅凭这个统计，却无法找出原子弹诱发白血病的原因所在，因此，他们认为该篇论文缺乏学术价值。所谓的权威，其思维定式，往往是有百害而无一益。

从原子弹爆炸的那一刻开始，战后20年、也就是原子弹爆炸后的20年，重藤博士一直都是负责广岛原子弹受害者日常治疗的责任人。在原子病医院创立之前，就是如此，在就任原子病医院院长之后，他仍然必须继续兼任广岛红十字会医院院长一职。

也就是说，原子病医院不是单纯的研究机构，而是坚持日常治疗的医疗机构，至于重藤博士本人，则是战斗在医疗第一线的医生。所以，以重藤博士为核心的原子病医院医生的研究工作是在结合了临床医疗的基础之上展开的。相比之下，ABCC则是一个纯粹的研究机构，同治疗没有任何关系。这一点，我们应该铭记于心。

在和原子弹这个侵蚀人类肌体的、人类前所未见的怪物做斗争的过程中，原子病医院的医生们采取的战术就是一边治疗现实中的患者，一边逐步接近具体的、令人毛骨悚然的核心。这也是他们所能采取的唯一的战术。这些医生接近放射性障碍的具体过程又是一段催人泪下的历史。在反复试验和不断摸索的过程中，他们曾经犯过试验性错误[①]。然而，那是他们朝着更为光明的前景，满怀极其自然的期待而犯下的试验性错误。他们往往因发现一线曙光而做出错误的前景判断，并对患者、普通市民，甚至对他们自己，造成了暂时的动摇。但在广岛20年的岁月长河中，这也许是完全必要的。

据今堀诚二《原子弹氢弹时代》一书记载，遭原子弹轰炸那年的冬天，由于原子病死者和伤者人数减少，所以"人们普遍认

---

① 试验性错误：trial and error，又叫试错法，或尝试错误。一种通过尝试各式各样的方法或理论直到错误被充分地减少或杜绝，从而达到正确的解决方法或令人满意的结果的方法。

为，可怕的原子病可以得到根治"。在有关鼠疫、霍乱的记录或小说中，经常会出现这样的描述：疫情的传播进入了平静状态，中途呈现出缓和的倾向。其实在广岛也出现了同样的局面。市民们第一次遭到疫情的严重打击之后，疫情的发展便进入平静状态，于是，市民们的心中萌生了一线希望。但接踵而来的第二次打击，却让市民们的心灵遭到更为彻底的打击。

1945年秋，美军发表了关于原子弹灾害调查的声明，并宣称："原子弹爆炸时，受核辐射影响而死的人，均已死亡，对残留核辐射产生的生理性影响，不予认可。"尽管这一观察结果在很大程度上受到了政治性意图的歪曲，但今堀在书中指出的市民、医生和记者的如下反应，确实是在疾病传播进入暂时的平静状态时广岛人表现出来的人类最正常的心态。

"市内医院住院患者的减少，也是让GHQ感到安心的原因之一。然而，这一现象却和下述情况有很大关系，医院的门窗，四面透风，一块玻璃也没有，住院患者受不住寒冷就纷纷逃回了家。医院也把这种现象理解为原子病已得到根治，表现出过度安心的乐观倾向。同时，这个鼓舞人心的消息也受到了市民和原子弹受害者的欢迎，因此，媒体也愿意报道医院方面的这种乐观预测。有消息称，在日本医疗团广岛医院，'在306000名原子弹受害者中，11月份接受治疗的人数为300人，目前是200人。而且，其中大部分不是核辐射的直接受害者，而是由烧伤或其他原因引起的并发症未得到应急处理而导致的病情恶化。所谓的原子病患者，可以说几乎不存在'（《每日新闻》，2月6日）。此外，日本红十字会广岛医院妇产科也发布了一则过于乐观的消息：'最近仍有原子弹受害者前来就诊，但都是恐惧所致的神经系统疾病。在距离爆炸中心1公里以外的地方，发现有不少妇女怀孕，例假也都正常。另有事实表明，在距离爆炸中心3公里以外的郊区，由于受到轻度辐射，结核和胃溃疡等疾病反而得到了良好的治疗。'（《每日新闻》，2月16日）这听起来简直就像是在为原子弹唱赞歌。广岛邮政医院和医疗团医院、日本红十字医院一样，是一家一流的综合性医院，它也一直持乐观态度，对1946年5月的情况做过美好的前景预测（《中国新闻》，5月13日）：内科除一人外，白细胞均恢复正常，腹泻也已治愈。妇产科没有畸形婴儿出生，也没有发现不孕症，所以说，'小姐们，请放心！'。外科忙着做整形手术，效果很明显，残疾也能治好。此外，在该报1948年8月8日的报道中，蜂谷院长断言，原子病在一年前就已经彻底消失，所以说，现在所有问题均已解决。这也可以算是一家之言。"

以山胁为首的广岛医生付出了巨大的努力，根据他们的统计结果，重藤博士把白血病纳入了原子病的范畴。然而，即便是这样一位头脑冷静的学者也没能避免试验性错误。前面我已经说过，医务界的权威人士怎么都不愿意认可用统计数据把原子弹和原子弹受害者的白血病联系起来的做法。不久之后，重藤博士根据同一份统计数据，满怀喜悦地宣布说，白血病正在减少。但是，他马上就会发现，统计表上的曲线将再次上升。这个试验性错误不禁深深地震撼了我。

医生们在接触真实的原子弹受害者的过程中，不断摸索，逐个求证，以揭示这个怪物的真面目。但反过来看，这种尝试和自由的想象力之间也不是毫无关系。不如说，只有在那想象力的支持下，医生才能够看清隐藏在每一个具体患者病痛后面的那个巨型怪物的魅影。

这是一种怎样的想象力？这种想象力认为，要是没有受到原子弹的影响，病人现在应该是健康的，由此推断，这个原子弹受害者目前所罹患的疾病，自然是由原子弹轰炸所引起的。这种想象力还认为，那次异常的大爆炸发生之后，受到辐射的人体，有可能出现任何症状，一切都有可能发生。这是自由的，不受任何固定观念束缚的一种想象力。

假设原子弹受害者出现了某种症状，东京的医生可能会问，你们怎么从病理学角度来说明它和原子弹有关？实际上，广岛的医生往往是回答不上来的。而且，医学史可能很快就会证明，其中的若干病例确实跟原子弹无关。但真正为广岛原子弹受害者提供实际救助的，只有这些拥有自由想象力，认为原子弹可能引起任何症状的医生。

这种不受约束的想象力和具体治疗经验的积累，推动了广岛医生对原子病的研究，从简单的脱发者统计，发展到把原子弹跟白血病相联系，引导眼科医生探索原子弹引发白内障的问题，进而发展到一个新的阶段，即统计死于癌症的病患人数，将癌症同原子弹联系起来。而且，他们还将进行不屈不挠的努力，把下一代原子病问题，作为一个面向未来的课题，继续进行探索。

然而，原子弹对人类造成的影响，即便是20年后的今天，仍然有一些问题处于无法解释的怪异状态，或者单纯就是一种原因不明的状态。正因如此，就更需要这些拥有自由想象力、思想永远不僵化的医生……

比如，我听说有一位妇女，在距离爆炸中心800米的地方被炸却活了下来。后来，她生下了两个健康的孩子，活得很好。遭到原子弹轰炸的那天早晨，她正在女子高中的操场上和同学们一起做游戏。对照广岛市原子弹受灾地图，可以发现，那里大概是广岛县立女子高中。然后，她的朋友们全部死亡，就只剩下她一个人还活着。

没人说得清楚其中的原委。重藤博士在讲完这个奇闻之后，只说了一句评价的话：我很高兴。"高兴"这个词，至今仍有一种力量，在我的内心深处激发出某种热情。但是，这位幸运的女学生，如今已为人母的她，却出现在了重藤博士面前。原子弹的阴影，在20年之后第一次投射在她那无与伦比的幸运之上。重藤博士说出"我很高兴"这句话，真的意味深长。尽管他知道这位妇女目前的稳定状态已经存在危险，但他却在极其苦涩的心情之下为她那转瞬即逝的稳定而感到高兴。这样的情况，在广岛也是存在的。

虽说心情苦涩，但广岛医生们的自由的想象力却是一种令人敬畏的力量。这种想象力把白血病同原子弹联系起来，这就迫使人们不得不去面对一头巨大的恐怖怪兽。而且，我们千万不要忘了，这些医生本身就是原子弹受害者。广岛的医生们凭借这种想象力，不断地探索原子弹灾害的真相，虽然他们自身也身陷地狱深渊，却仍力图对这一深渊的真相进行更为深入和透彻的探索。这一悲壮的双重性为他们的想象力和他们所取得的具体又实际的成果赋予了名副其实的诚实、有尊严的形象。

重藤博士打算以广岛市的高中生为对象，对下一代原子病进行综合调查。但他却面临一个最大的两难困境：这项调查是绝对必要的，但同时他又担心这会在广岛的高中生，即原子弹受害者的第二代中引起严重的心理不安和思想动摇。由于涉及诸如白血病等人类至今尚未攻克的绝症，博士面临的抉择将更加艰难。

然而，对下一代原子病的研究是绝对必要的，因为它不是逐渐死去的人所罹患的原子病，而是还要继续活下去的人的原子病。美国最早派到ABCC的专家都是优秀的遗传学家。这就是说，在20年的原子弹医疗史上，关于下一代的原子病问题从一开始就是全世界所有医生关注的焦点。只是这个想法具有让人产生强烈的深度恐惧的特点，于是，在各个时期，它也成了催生乐观心态的诱因，比如说"小姐们，请放心"。然而，当原子弹轰炸20周年即将来临之际，展开对下一代原子病的调查工作成了当务之急。尽管面临艰难的人性抉择，重藤博士还是会尽快推动下一代原子病调查工作的开展。我坚信，广岛的高中生将会带着对人性的最高信任，去协助这位面临艰难抉择的原子病医院院长。我从不认为，广岛会有人不信任这些医生，会有年轻人深深地怀疑这些医生，因为这些医生，是敢于窥探无底深渊的人，是为了解决难题而努力奋斗的人，是具有岩野泡鸣①所说的"绝望的匹夫之勇"的人。

因为心怀不安的广岛青少年们（其中一个，曾把脸上的疤痕当作武器，去吓唬敌人，并取得了成功，成了一个目无法纪的幼稚之徒。把疤痕反过来当作武器，去吓唬敌人的动因，就是隐藏在他有疤皮肤深处的、极其天真的不安心理）唯一能够信任的成年人，就是和他们怀着同样的忧虑，却在坚持着不屈不挠的斗争的广岛医生。

我做了一个充满希望的推测，以所有广岛青少年为对象展开的下一代原子病的调查会让他们摆脱孤独和不安的心情，并引导他们走进一个团结互助的新天地。

我还记得曾经采访过的两个青年，他们都是在原子弹轰炸之后从广岛来到东京的。其中一个身材矮小，一条腿有残疾。他和那些同为原子弹受害者的朋友一起，在东京一个教会学校的附属机构里做工，缝制出口美国的服装。他是一个性格文静、稳重的

---

① 岩野泡鸣（1873—1920）：日本自然主义文学代表作家之一，著有《神秘的半兽主义》《放浪》等。

年轻人，从他那恬静的眼神中，我看到了被克服和驯化了的不安情绪。尽管他不善言辞，但还是热情地向我倾诉了他和同伴们对白血病以及结婚以后诸多问题的担心。

另一位青年是个体力劳动者，浑身上下散发出粗犷的气息。他在京都有过一个未婚妻，但有一天，当他发现自己白细胞数量增多时（那是婚检手续中的血液检查），就默默地离开未婚妻，来到了东京。他每天的工作，就是在东京港周围的仓库前面，在露天工地上钉包装箱。时值盛夏，每干完三天活后，他就去买回大量的维生素和造血剂。到了第四天，他精疲力竭地躺下，把自己泡在药物的海洋里。顶着烈日，干重体力活儿，换来的药不仅让胳膊皮肤变色，甚至硬得跟赛璐珞[*]一样。连他自己都不相信，这死人一样躺着的"第四天"能够抵消前三天的过度疲劳。他只是认为，在药物的维持下，他可以在"第四天"得到休息，并借此获得某种心理安慰。但是，如果只是为了这个目的去干三天的重体力活儿，实际上反而是在损害自己的身体。但我们也没法说他，说这是愚蠢的行为。他是在用这种并不高明的做法，和他内心的不安做斗争。我听说，这个青年不久便辞去了码头仓库的工作，去开长途车去了。为了"第四天"，为了获得内心些微的安宁，他可能会更加疯狂地折磨自己的肉体。

这两个青年，一个生活安定，一个生活危机四伏，导致二者

---

[*]　赛璐珞：合成塑料。——编者

不同的唯一理由就是，前者不孤独，而后者就像一匹离群的孤狼。每次想起他，我就很后悔，后悔当初没有让那个稳重的青年制衣工，把这个狂热的莽汉吸收到他们的集体中去。但是，无论是我，还是那个钉包装箱的青年，我们都很清楚，青年制衣工为了自己和同伴们的问题，已经无暇顾及他人。

以广岛全体青少年为对象——不管他是不是原子弹受害者的子女——进行下一代原子病的综合调查，从中发现他们拥有的某种共性，这种做法和《中国新闻》社论员金井等人编制"原子弹氢弹灾害白皮书"的做法，在道理上是相通的。编制"原子弹氢弹灾害白皮书"的目的，也就是以广岛为中心，在全体日本人中发现他们的共性。

要了解重藤文夫博士战后20年的分量，就要特别注意，他为坚持经营原子病医院所付出的政治上的努力。然而，撇开这些不谈，仅仅通过上面几个小故事，我们的眼前就会浮现许多真实的人物形象，他们敢于正视广岛的现实，既不过分绝望，也不抱有幻想。我愿意把具有这种形象的人，称为正统的人。20年来，广岛始终面临着严峻的状况，即使有上百个正统的人也难以与之相对抗。但是，尽管如此，真正敢于同这个毫无胜利希望的、最为险恶的现实相抗争的，仍然只有这些正统的人。而从重藤文夫博士身上，我看到了一个正统的人的典范。

至于中国的核试验，它被看作是革命成功之后中国坚持自力更生路线所取得的最大的发展成果；而核弹，则被看作是中国人的民族主义的象征，他们的内心充满了新的自豪感。对于这种分析和理论，我也很赞成。但同时，我认为我们迫切需要明确一种态度，一种在原子弹轰炸20年后，日本人的新民族主义的态度。以我们日本人的名义，以我们这些要让广岛继续存在下去的日本人的名义，提示包括中国在内的，现在和将来的所有的核国家，广岛原子弹是一个具有否定意义的象征。广岛那些正统的人，他们的形象，则完全体现了我心目中日本新民族主义的积极的象征。

1964年12月

第七章

广岛巡礼

老太太的二儿子住在这里。她跟那些逃到这里的人打听三泷町的情况

　　1964年底，我又去了一趟广岛。这是我开始写这部札记以来，为时最短的一次。尽管只停留了几个小时，但同以往多次的广岛之行一样，此次的旅行又迫使我对人类的悲惨与尊严进行了深刻的反思。对我而言，所有的广岛之行，始终如此。我写作这本札记的目的就在于记录下每次广岛之行后对自己的反思。

　　刚到广岛，我就从原子病医院的重藤院长那里得到了一个最新消息，又有一个年轻的原子弹受害者死于白血病。置身于广岛之外，我们就可以彻底忘掉广岛的具体惨状。老实说，在原子弹轰炸20年后的今天，要做到这一点并不难。不过，这种悲惨的状况，对于今天的广岛而言，依旧是一个持续存在的现实问题。原子病医院的存在就是一个明显的例证。重藤院长是抱着一种多么灰暗而苦涩的心情，为这位年轻的死者送行啊。更不消说在那不断流淌的悲惨长河之中，他不过是众多亡者中的一个而已。

　　遭原子弹轰炸的那年夏天，这位青年只有4岁。我们看过无数张在广岛原子弹爆炸那天受伤的孩子的照片。创办了杂志《广岛之河》的母亲中的一员、广岛人小西信子称这些受伤的孩子为"腐烂地藏"。实际上，我们的历史也很少会多次呈现数量如此之多、伤势如此之重的孩子的照片。那些孩子的表情出奇地平静，但其中大部分在拍完照片后没几天就死了。有个孩子好不容易活了下来，没想到在他长到十八九岁的时候，有一天发现自己得了白血病。在原子病医院的病床上，青年迎来了自己的20岁生日。

我经常举这个例子。在白血病治疗的早期阶段，医生可以暂时控制白细胞数量的激增，为白血病病人赢得一个所谓的"暑假"。经过原子病医院医生们20年默默无闻的努力，这个"暑假"从最初的几个月，延长到了两年。当它能够延长至几十年的时候，人类就可以自豪地宣布，白血病已被攻克。然而，目前，白血病这个血液的癌症，仍然对人类占有压倒性优势。当两年的"暑假"结束之后，这位青年将与死神再次邂逅，到那时，死神再也不会放过他。要是有悲观主义者把这种"暑假"称作死缓的期限，恐怕也不会引起非议。

但是，这位青年却没有把这两年的时间看作是缓刑的期限，他非常坚强，希望自己跟正常人一样生活，并成为社会的一分子。为了他，原子病医院的医生们隐瞒他的病历，帮他找工作。医生们的行为不能算是欺骗。一旦实话实说，谁还会雇用这个身患白血病的青年呢？医生们可不是那种只会胆战心惊搞小手段，没啥本事却还自命清高的人。青年在一家印刷厂找到了工作，是一名深受同事喜爱的好员工。

听说青年死后，有一个到访原子病医院的高贵的人质问医院：这两年时间为什么不让青年休养，反而让他去工作？其实，这个高贵的人就是没法理解这样一个事实：为了真正有意义地度过生命中最后的两年时光，青年要做的不是躺在病床上，而是在印刷机的轰鸣声中和同伴们一起工作。不过，也难怪他会这么问，所谓高贵的人，就是指那些习惯于无所事事、虚度人生的人。

青年努力想要在这两年里真正地活着。他成了一名劳动能手，在工作岗位上出色地完成了社会生活的全部内容。他还跟一个女孩相爱并订婚，由此可见，他是多么想要真正地活着，活在毫不虚伪造作的、真正的现实生活中。他的恋人是一位在乐器店工作的20岁的姑娘。

还有一个小故事，可以说明这位青年曾如何度过那段真正的社会生活。《生活》杂志有个记者，为了写一篇题为《光明的广岛》的报道，到广岛进行采访。重藤博士把青年介绍给他，记者感到非常满意。这个青年简直就是光明的广岛的象征。

然而，两年过去，充实的"暑假"结束了。恶心和呕吐不断地折磨着他，逼得他再次住院。周身关节的剧痛和强烈的呕吐是白血病患者最大的痛苦。在受尽所有折磨之后，他离开了人世。

青年去世一周之后，他的未婚妻来到医院，向曾经治疗和护理过青年的医生和护士们表达谢意。她带来的谢礼倒是很能够体现她的职业特色，是一对经常摆在唱片架或小提琴陈列柜里的陶制小鹿。这个20岁的姑娘，平静而安详地道完谢之后便离开了。第二天早上，人们发现她服安眠药自尽了。我望着那一对陶制的小鹿——健壮的公鹿头上长着巨大的犄角，母鹿神情可爱——不禁黯然神伤，沉默无言。

我要再次重申，死去的青年在遭受原子弹轰炸时，只有4岁。他不仅对战争不用负责，就连那毫无道理可言的飞来横祸，他都无法理解。20年后，这名幼儿用他自己的肉体为国家承担了责任。也许，就算是个幼儿，只要他是这个国家的一员，就必须无奈地被牵扯进这个国家所做的最坏的选择中去。也许，作为一国之民，他就必须面对如此悲惨的命运。

但是，他的未婚妻，自杀时年仅20岁。这个年龄极具象征意义，说明她出生于战后，却按照自己的意志选择和原子弹受害青年承担共同的命运，在青年死后，竭尽所能地履行了对青年的全部责任。国家，没有为青年做任何事情，因为倾全国之力也难以填满青年内心绝望的巨洞。一个战后出生的姑娘，却以自决殉死的方式填满了这个黑暗的洞穴。这个20岁的姑娘，以自己的意志，做出这样的抉择，其壮烈不禁震撼了所有生活在这个国家的人。这个选择，是年轻姑娘为救助一个被推入绝望深渊的青年而做出的绝望的选择。

她推翻了一种价值观。她以国家牺牲品的柔弱姿态对国家的卑劣欺骗——实际上包括国家的欺骗和所有幸存者的欺骗——给予了致命的打击。然后，她和恋人一起，默默地走向用他们独有的尊严装扮的死亡国度。那是一个绝不容许他人介入的、孤独而庄严的死亡之国。那是一个绝不容许导致她的恋人在幼年遭突袭而受牵连的国家阴影的置喙，绝对个人的，只属于她俩的死亡之国。无论是白血病"暑假"中依旧勤奋工作的青年斯多葛式的自制力，还是在未婚夫死后不愿独活的姑娘的决心，都披上了一层坚不可摧的思想铠甲——他们决不接受骗人的国家和骗人的生者。面对那对陶制的小鹿，那健壮的公鹿和那可爱的母鹿，我们只能感到无限的空虚和悲哀。20岁的姑娘在自杀之前，给很多人都留下了稳重温柔的印象。她最大限度地做到了一个人对一个死于原子病的青年所能做到的一切。这里不含丝毫的自我牺牲精神，一切都是缘于决定性的、强烈的爱。这种强烈的爱，也可以替换成一种强烈的恨，对我们这些幸存者，对我们政治的强烈的恨。但这个20岁的姑娘却没有起诉我们，她选择了在沉默中走向死亡，这是她对我们做出的最为宽大的从轻处罚。可是我们却没有任何值得原谅的地方。也许是因为这个20岁的姑娘性格温顺，拥有尊严，才没对我们进行充满憎恨的起诉。

关于这对恋人的死，我做了这样一种推测。当然，它只是我的一种假设，但我对此深信不疑。当青年以两年"暑假"为期开始工作的时候，恐怕他自己也不会认为他已经痊愈，可以开始工作了。不管医生编得谎话多像是真的，不管他们对病历如何保密，我想，对自己的病情，他是心知肚明的。可是，他却敢在白血病再次将他捕获之前踏踏实实地去工作。

至于那位姑娘，很可能也是在了解实情的情况下和青年恋爱并订婚的。不然，一个24岁的青年和一个20岁的姑娘订婚，岂不是太早了些？他们预见到死亡时刻即将来临，所以才这么快订了婚。

当死神终于降临到青年头上时，姑娘可能早有准备，安详地选择了死亡。她既不是因为未婚夫的死而感到过度悲痛所以决心随他而去，也不是因为被逼入绝望的深渊，除了死亡之外别无选择而自杀的。也许从爱上这个白血病青年的那一天开始，她就一直注视着近在咫尺、难以逃避的死亡。她和青年生死与共，把自己卷入其中，就这样做出了一个最为彻底的命运的抉择。

众所周知，当年，为了报告广岛上空的气象情况而先于轰炸机飞往广岛的侦察机机长、陆军少校伊萨利，12 年后因袭击得克萨斯州的两家邮局而被捕。后来，以精神错乱为由被判无罪。经美国退伍军人管理局的精神病医生证实，导致他精神错乱的原因是对广岛的负罪感。

当美国人伊萨利袭击邮局时，陪审团的成员，也就是一般的普通人，他们犹豫了，他们没办法认定他有罪。这说明，对全体人类而言，广岛是他们产生共同负罪感的根源。

如果这里出现了一个穷凶极恶的杀人犯，而促使他走上犯罪道路的根源是广岛被炸后产生的绝望感，那么，人类就必须面对更加可怕、更加赤裸裸的负罪感。试问，我们谁有勇气去正视这个罪犯？不过，现实中却没有出现过这种紧盯着我们的负罪感不放的罪犯，对此，我们只能称之为侥幸。但我们应当牢记，这种侥幸是广岛那些只剩下绝望的人用他们惊人的自制力换来的。

如果那个死于白血病的沉着而稳健的青年，没有利用两年的"暑假"去勤奋工作，而是成了一个罪犯——这样的假设，足以给我们平静闲适的心灵以沉重的打击。实际上，青年斯多葛式地生活，勤奋地工作，还赢得了一个对他一往情深，甚至在他死后不愿独活，自杀殉情的姑娘的芳心。我们应该记住，这样的结局，真的是超乎常理、世间罕见的一桩奇事。

这个青年和他的未婚妻，面临着最深重、最痛苦的绝望，就算他们变成疯子、罪犯，或是道德堕落分子，也可以看作是人类的正常举动。但是，他们没有屈服，克制地保持着自尊直到生命的最后一刻。然后，在沉默中选择了有尊严的死。

我常常在想，朝广岛扔下原子弹的美军负责人，他们蔑视原子弹灾难的依据就是广岛市民的自我恢复能力以及每个独立个人的羞耻心，它不会让人停留在悲惨状态之中。但是，我认为还必须牢记的是，从广义上讲，正是凭借着这些绝望却不屈服的原子弹受害者的自制力，我们才免受良心的谴责。

当然，只要我们不是对来自广岛的消息充耳不闻，那么我们的良心永远得不到安宁。这次旅行回来后，有两条我耳闻目睹的消息，必须在此记录下来。其一，是《读卖新闻》1月19日晚报上的一篇专栏文章。"给大家添麻烦了，按照预定的计划，我要去死了。——这是广岛一个19岁的姑娘自杀时留下的遗书。19年前，当她还在娘胎里的时候遭到了原子弹轰炸。3年后，母亲去世。这个姑娘患有原子病，从小肝脏和眼睛就不好。而且，母亲死后，父亲离家出走。现在，她同75岁的祖母、22岁的姐姐，还有16岁的妹妹一起，4个弱女子艰难度日。因生活所迫，三姐妹都不得不在中学毕业后就立即参加了工作。这位女孩好不容易拿到了原子弹受害者特别手册，却无暇安心住院接受治疗。国家在治疗方面是采取了对策，但在生活上却没有提供相应的保障，让她安心地接受治疗。这恐怕也是原子弹受害者政策的一个漏洞吧！这个年轻的生命，在贫病交加之中深感自己精疲力竭，便决定'按照预定的计划'死去。这句'按照预定的计划'之中，包含了多少无法表达的东西啊……"

另一则消息来自筑丰煤矿①。筑丰是日本消费生活繁荣时代政治问题和社会问题极为严重的地方。这里住着许多从广岛过来的移民，好像其中还有一些在原子弹轰炸中失去家人的妇女，从事着最底层的职业。为了编制"原子弹氢弹灾害白皮书"而开展的全国性调查，不管它多么行之有效，到了这里，还是会碰上几个隐姓埋名、躲躲藏藏的广岛妇女。

听到这种消息，对于我们这些不住在广岛的人来说，一时间会觉得酸楚并觉醒，但这种感觉很快便会消失得无影无踪。对于住在广岛的人来说，除非是原子弹受害者，否则的话，也许跟我们有着相同的感受。

顺便提一下，就在那名广岛青年因白血病死去，他的未婚妻

①　筑丰煤矿：位于日本福冈县东北部的煤矿。以远贺川流域为中心，横跨筑前和丰前。

紧随其后自杀身亡的同一时间，在东京举行了一个授勋仪式。获得勋一等旭日大绶章的美国空军参谋长柯蒂斯·李梅上将，曾经直接参与并策划了向广岛、长崎投下原子弹。关于这次授勋仪式，据说政府负责人是这样解释的："我的家也在空袭中被烧毁，但那都是20年前的事了。我们将恩怨置之度外，给轰炸过日本各个城市的军人授勋，岂不更能说明大国国民的宽容与大度吗？"

这种麻木不仁，已经是道德的堕落。在广岛人的眼里，它就是最厚颜无耻的背叛。对于政治家和官僚们的道德观，我们实在是过于宽容了。只要他们不贪污，新闻媒体都不会去抨击他们的这种道德上的堕落。然而，能从嘴里说出这种话的政治家的卑鄙，才是最坏的东西。

我邀请重藤博士、《中国新闻》评论员金井先生、杂志《广岛之河》编者小西信子，还有在市内私人医院做事务员的年轻受害者村户由子四人，一起参加了在原子病医院资料陈列室旁边房间里举办的一场电视讨论会。这四位可以说是真正的广岛人，也就是最能从本质上代表广岛原子弹诸多遗留问题的人。我这次来广岛，就是应邀来主持这场讨论会的。

除村户外，其他几位我都见过多次。我撰写这本札记的目的之一，就是要介绍他们的人生态度和对事物的看法。电视短片可以反映他们在工作中的最新成就。我为自己能够参加这场讨论会而感到欣喜。同时，我还感到非常幸运，因为我又认识了一个新的绝不屈服的原子弹受害者的典型——村户。我听了她的发言，并记录如下。

遭原子弹轰炸时，村户还是个小孩。疤痕改变了村户的面容，她长大之后，每天的希望就是想看看自己以前那未曾受伤时的面容，用她自己的话来说，就是希望找回"失去的美"。只是为了找回那"失去的美"，而不是为了健康，她接受了好几次手术。手术的结果让她认识到"失去的美"将永远失去，再也找不回来了。于是，她就成了那些把自己关在家里悄然度日、脸上带疤的姑娘中的一员，思考着今后的生活出路。

先是追忆失去的往昔时光，紧接着就是绝望，这种时候，人往往会被一步步逼向精神崩溃的边缘。广岛一定有很多人正处于这种危险的精神状态之中。我们没有任何积极的办法能够把他们从疯狂和自杀的状态中拯救出来，我们只能无奈地期盼，希望他们更要摆脱疯狂，不去自杀，继续活下去。

村户是如何把她自己从疯狂和绝望的自杀以及近似于精神病的隐居状态中解救出来的呢？让她幡然醒悟的，就是禁止原子弹氢弹世界大会的第一次集会。在那里，她有了一个最基本、最本质的发现——"正在受苦的不止我一个"。我听很多人说起，第一届禁止原子弹氢弹世界大会让广岛人在遭受原子弹轰炸后，在度过了黑暗、漫长而沉默的岁月之后，第一次获得了发言的机会。对于原子弹受害者来说，这是一件多么具有划时代意义的事情！它不仅给原子弹受害者创造了恢复人性的机会，同时也为日本乃至全世界从事和平运动的人指明了奋斗的方向。作为一个局外人、一个旁观者，我很难对和平运动的历史做出客观的评价。事实上，像这样让原子弹受害者体验到人性革命的禁止原子弹氢弹世界大会，正在逐渐发生性质上的变化。有的批评意见认为，这种质变体现了某种思想的颓废。这样的意见绝不是毫无根据的批评。毋庸赘言，这种思想的颓废并不是来自原子弹受害者这一方。

从那以后，村户就摆脱了那种精神病人似的隐居状态，不再沉溺于过去，不再拒绝接触现实社会，开始面对现实与未来。她参加了原子弹受害者和平运动的一些工作，还去国外旅行。在法国，她见到了临终前的居里夫人。当时，居里夫人已罹患白血病，不久便与世长辞。面对村户等"原子弹少女"，居里夫人说道："就算你们保持沉默，我也能理解你们的所有痛苦。"这些被叫作"原子弹少女"的姑娘，她们都和村户一样，重振精神，不再怀念"失去的美"，对毁了自己面容的疤痕，也不再有厌恶和羞辱之感。我们必须认识到，她们敢于登上讲坛，暴露在世人的目光之下，是经历了"幡然醒悟"的过程的，凭借着这种精神，她们勇敢地接受了"原子弹少女"的称呼。"绝不能再让别人也遭受自己曾经遭受过的痛苦"——这句话，重藤院长说过，村户也说过，这也是包括村户在内的，遭受原子弹灾害的和平运动参与者的意志。"原子弹少女"和居里夫人之间完全是心意相通的。

这天，直到最后，村户还在犹豫要不要在电视上讲话。由此可见，她的"幡然醒悟"并非是教条式的、一成不变的，每一天她都在不断克服困难中度过。当电视观众看到这个年轻姑娘洋溢着美好憧憬，又带着严肃神情的面容时，一定会为之感动。村户用一句"失去的美"，道出了广岛所有受到疤痕伤害的姑娘的心声。就这样，充满尊严的原子弹受害者们，和原子弹所造成的灾难进行着正统的斗争，而广岛的原子病医疗工作，只有当这些受害者成为斗争的一部分时，重藤院长等医学家的努力才能发挥出最大的作用。

一个电视短片无法为《中国新闻》评论员金井利博先生提供足够的时间说明"原子弹氢弹灾害白皮书"计划。这份计划涉及金井先生个人的人类观和文明观，而且，这些观点是他在广岛20年的新闻工作中形成和发展起来的。正因如此，抛开这些观点去说明"原子弹氢弹灾害白皮书"计划，这对金井先生来说显然是做不到的。

在这部电视片的制作过程中，我也进一步明白了金井先生的两个观点。纳粹德国在奥斯维辛屠杀犹太人的真相已广为世人所知。但是，发生在广岛的人类悲剧，尽管其严重程度较之奥斯维辛有过之而无不及，而且，目前仍然存在悲剧重演的危险（也许在玩世不恭的人眼中，国际政治中的马基雅维里主义正是他们所希望的），但世人却对此知之甚少。至少，应该要让人们像了解奥斯维辛那样，正确地了解发生在广岛的人类悲剧的真相。

金井先生的文明观还涉及另一个焦点问题。战争结束后不久，如果把战争的悲惨看作中心，那么，日本人的生活就是从这个中心向四面八方逃跑。也就是说，我们的生活形态就像是一个甜甜圈，中间的空洞就是战争的悲惨。今天，消费型社会不断发展，人们把战争的悲惨踩在脚下，一直不停地向上逃，最后形成了一个金字塔，塔尖就是奥运会。但是，这座金字塔内漆黑的空洞并没有被填满，广岛的人类悲剧依旧继续存在。"原子弹氢弹灾害白皮书"运动的目的，对外，就是要像奥斯维辛那样，让全世界都详细地了解曾经发生在广岛的人类悲剧的真相；对内，就是要日本人进行全民反思，要把存在于繁荣的消费型社会中的金字塔内的空洞给填满。不然的话，我们就无法阻止《读卖新闻》专栏报道的19岁姑娘在遗书中所写的"按照预定的计划"式的自杀。因为这些自杀者在确认得不到任何救助，命运也不会出现任何逆转的时候，必然会陷入绝望的深渊。

自从去年夏天在广岛听金井评论员谈到"原子弹氢弹灾害白皮书"提案之后，我就一直希望能关注这项运动的进展。到目前为止，至少在金井等人力所能及的范围内，运动正在稳步发展。去年初秋时分，当我在这本札记中介绍了"原子弹氢弹灾害白皮书"计划之后，很快就收到了金井先生的来信。在信中，他先是坦率地谈到了那年夏天参加三县联席会议的禁止原子弹氢弹大会时自己内心的想法。

"在三县联席大会和'八六'和平大会上，最有权利无所顾忌地发言并揭露真相的，就是原子弹受害者，尤其是已经去世的受害者。但为了纪念那些无法出席会议的受害者，也只是举行仪式，默哀一分钟而已。"

金井先生是一名希望站在"原子弹受害者的人性呻吟"的立场上，传达那些死于原子弹轰炸的受害者的声音的新闻工作者。他在信中还写道："在实现'原子弹氢弹灾害白皮书'的具体对策中，最难的就是如何应对保守政权的对策。归根结底，就是如何从被玷污的太阳旗中引导出纯洁的勇气来。广岛大学的教授们在广岛成立了一个叫作谈话会的组织。这是日本禁止原子弹氢弹协会、三县联席会议和禁核会议三大协会系统能够友好相聚的、为数不多的一个集会。根据集会前几天的议程，我在会上再次提出了向联合国提交白皮书的提案。结果，会议决定成立一个小委员会，由它拟定具体程序。"

"问题还有很多，比如，如何才能以与原子弹受害者之间的思想沟通为主，从针对保守政权和新闻媒介的对策入手，使白皮书运动成为一项国民运动并得以普及；如何动员日本学术会议、厚生省、文部省、外务省和总理府等相关当局的力量，让国会同意把这项运动作为附带调查纳入国情调查之中；还有，如何改进调查方法、提高社会调查员素质等问题，每个问题都很大。至于我个人，将会尽可能从侧面进行配合，在日本最高智力活动组织化和来自基层、具有国民运动性质的推动力这一双重结构中，关注白皮书运动的进展。我自知力量微薄，在不被讨厌的情况下，一定会尽我所能为计划的前景做出预测。"

谈话会接受了金井评论员的提案，并于1964年10月发表了《对日本国政府的请求》和《告日本国民》这两篇文章。1965年，正值开展国情调查之际，对原子弹氢弹受害者进行国情调查被作为重中之重提了出来，同时，还涉及原子弹受害者的隐私，以及向以琉球民政府为首的国际化方向扩展等问题，并借此推动金井提案的开展。现在，我们这些身居广岛之外、关注广岛的人，需要做的就是让自己投入"原子弹氢弹灾害白皮书"运动中去。用金井先生的话来说，就是站在"原子弹受害者的人性呻吟"立场这一边，成为"原子弹受害者的同志"。

小西信子等人创办的《广岛之河》，到1965年年初已出版了第十一期，还在努力坚持。它的刊首语有这样一段话："在今天的日本，又出现了威胁和平的新兆头，让我们原子弹受害者深感忧虑。掌权者耀武扬威，而我们这些老百姓，没有什么值得夸耀的东西，有的只是陈述事实的话语。"

这一期还刊登了一位不屈的诗人正田筱枝的诗和短歌。诗人如今因罹患原子病而卧床。1947年，美军占领时期，她从被迫保持沉默的原子弹受害者之中挺身而出，违反当时的法律规定出版了和歌集《忏悔》。扉页上画有原子弹穹顶，另外，还附了一首和歌：

同胞被迫赴死路

谨以此记慰亡魂

　　这本和歌集是最早描写原子弹所造成的人类悲剧的一幅素
描。正田的诗，猛烈地抨击了李梅将军授勋事件。其中还有两首
问答体和歌，堪称将富有哲理性的对话最大限度地凝练成短歌形
式的典范之作。和歌所散发出来的残酷而苦涩的幽默味道，让人
痛彻心扉。

姑娘整二十

花季遭不幸

原子弹轰炸

夺走我光明

死后我愿意

捐出我眼睛

姑娘虽说你愿意

死后捐出你眼睛

我却不忍告诉你

受伤眼睛已无用

　　"后记"还就原子弹穹顶的去留问题发表了评论。论点和

164

"原子弹氢弹灾害白皮书"的主张有直接关联，它是说明白皮书运动在广岛进展迅猛的一个证明。"后记"指出："拆除原子弹穹顶，一直以来都是一个纠缠不清的问题，直到最近，和平公园一带的土地清理之后，它开始作为一个具体问题被提到议事日程上来。有人认为，轰炸遗迹附近3.3平方米的土地值20万日元，如果在这里盖大楼，就能成为本市的财政收入来源；也有人认为，原子弹已广为人知，原子弹穹顶应该拆除；还有人居然说，它会让人们想起死去的人。诸如此类，不一而足。我真想对这些主张拆除的人大喝一声'混账！'。我们这些原子弹受害者发誓，绝不让那天的悲剧再次降临到人类头上。为了书写人类和平的历史，必须永远保留这个珍贵的历史遗迹。原子弹固然已为全世界所知，但人们了解的只不过是它的威力，至于广岛人经历过何等残酷的人间地狱，19年后的今天，又怎样受尽放射性病痛的折磨，这一切还不为人知。原子弹穹顶的去留问题，应该是一个用世界性眼光加以思考的问题。"

一向沉着、稳重的重藤博士，在电视片中也谈得不多。但他却带着日渐坚定的决心，说他希望弄清原子弹受害者生出的下一代是否健康这个问题（他的用词和此类调查可能引起的不安之间保持着微妙的平衡，而且，和谈话会声明中指出的原子弹受害者的隐私问题也有关系）。他还指出，即便世界强国都因拥有核武器而沾沾自喜，但在人类的历史长河中，它也必将成为一个污点。他希望，日本能有政治家立志不让日本沾上这样的污点，让日本成为一个永远不拥有核武器并反对拥有核武器的国家。他的谈话令我深受感动。我多次前往广岛，和重藤博士见面也很频繁，但这次是重藤博士唯一一次在谈话中直接谈及政治。

1965年1月

离开广岛……

肉のちぢむ人

三泷作业班的老板娘做了植皮手术，把屁股上的一块皮肤植到烧伤的手上。虽然死了丈夫，她还是顽强地坚持干活。直到现在，一到秋冬天气，后植的那块皮肤还是经常抽搐，疼得厉害

今年4月，我写了一封信，呼吁知识界人士组成一个合作委员会，支持"原子弹氢弹受害者团体协议会"（被团协）*收集和出版有关原子弹受害者切身体验的资料。信的内容如下。

　　在遭受原子弹轰炸后的第20个夏天即将到来之际，受害者们唯一的一个团体——日本原子弹氢弹受害者团体协议会准备开展一项非常迫切的事业，就是把有关原子弹轰炸的所有资料和受害者的手记收集起来，妥善保存之后进行出版和翻译。首先，对于战后20年被迫过着最艰难生活的受害者来说，这是一项非常迫切的事业。同时，对我们所有非受害者来说，不管20年前的原子弹是毁灭人类的最后一次灾难，还是明天的原子弹氢弹有可能成为现实中的杀人武器，这也是一项非常迫切、极为要紧的事业。

　　"被团协"与"日本原水协"（日本禁止原子弹氢弹协会）一直有着紧密的联系。从属于这样一个强有力的政治团体，对"被团协"开展充满能量的活动来说就是如虎添翼。

---

* 　该组织于2024年获诺贝尔和平奖。——编者

但同时也不得不指出，"被团协"的受害者们，如果凭他们自身的主体性去办一些紧急的事情，一般情况下往往是不能立即实现的。现在，"被团协"打算自己重新开始，我想，首先要解决的显然就是这些基本课题。

受害者们写完手记并将其保留下来，还把有关原子弹的所有资料都整理、保存下来，可以说，这么做就是最克制的自我证明，也可以说，是一种依靠自我拯救意志而进行的事业。而且，对于我们这些没有遭受原子弹轰炸的人来说，这也是和我们今日的自我认识，以及明日的命运息息相关的事业。我认为，我们应该怀着敬畏的心情，从侧面支援原子弹受害者们的计划。

一般来说，一个知识分子在书房里独自思考自身与人类命运等课题时，他应该会想到20年前遭受原子弹轰炸的人，而且，他也应该会把自己个人的志向和受害者的志向联系在一起。

当知识分子参与某个运动时，经常会出现这样的情况：他个人的志向在和他所希望协助的对象的志向直接联系起来之前，会有各种各样的缓冲物隔在中间，以至于最后迷失了个人的志向。而且，经常还会有这样的体验：自己究竟参与到什么程度，多大程度实现了自己预期的目标，自己的责任要负到什么程度等，这些问题到后来也都变得模糊不清。

因此，我提议，在遭原子弹轰炸后的第20个夏天，让我们组建一个团体，从侧面援助"被团协"，给知识分子创造条件，让他们能够把个人对原子弹氢弹的威胁及其所造成的悲惨所持有的思想和志向，完全直接地与受害者们的生活和志向联系起来，并且能够让他明确自己的预期目标实现了多少，担负了多少责任。

在1965年夏天即将到来之际，人们努力从各个侧面对20年前最残酷的悲剧进行挖掘和再认识，其中最基本的骨干内容就是收集和整理所有跟原子弹相关的资料和受害者的手记。因为就连在报纸杂志上发表过的东西，也往往会淹没在泛滥成灾的印刷品中而不易被我们发现。更不用说，这些书籍都是在无法重现的条件下写成的，是百分百的稀世珍宝。

例如，我们都还记得《原子弹之图》这本书，它是报告遭受原子弹轰炸之后的人类世界最优秀的作品之一。但是，又有多少人还能记得《原子弹》这本小画册呢？这本画册出版于1950年夏，和《原子弹之图》一样，它的绘制者也是丸木位里和赤松俊子。画册的封面是橘红色的，上面画着一位老太太的肖像，里面内容精彩，且足以震惊世人。我希望能够全文重刊这本包括64幅绘画和简短朴实文章的画册。下面，我来介绍一下它的内容梗概。我这本《广岛札记》的扉页、目录和各章最前页的插图，都来自画册《原子弹》。

"原子弹爆炸的时候，广岛三泷町有一位年届八旬的老太太，她的丈夫先死了，剩下她，不分白天黑夜地跟孙子留吉讲原子弹的故事，就像年轻时织布的线似的，没完没了地讲。

'那就是地狱啊，就是一排排的幽灵，就是火海，看不到鬼影啊，才知道是在人间。'

'人要不扔，原子弹咋会掉下来呢？'

5年过去了，直到今天老太太还是不分白天黑夜，不论刮风下雨，一想起来就讲个没完，一讲起来就不停地叹气。'战争都要结束了啊，大伙儿都烦透了打仗了，拖来拖去的，还不是军方和政府说了算……'"

那天早晨，老夫妻俩拉着货车去搬疏散时拆掉的房屋的木材。回到家里，正洗漱呢，原子弹炸了。"早上8点的时候，突然一道亮光，那道闪光啊，从来没有人见过！老太太还没听到轰隆声，眼见那屋顶和房檐一齐塌了下来，地板也拱起来了，把老太太挤在中间。"

在爆炸中心附近，有的人上半身被炸飞了，"只剩下两条腿，紧紧地粘在水泥路面上，直立着"。最奇怪的是，有人发现"一个少女死在电车里，手里紧紧抓着手提包，身上没有一点伤痕，跟一个烧焦的士兵头挨着头"。但是，"没人告诉我爆炸中心的情况"，这篇感人肺腑的短文，配了一幅插图，上面只画着阴暗的天空、倒下的秃木和烧毁的荒野。

"在浅野泉邸①的水池里，活着的鲤鱼在死尸中间游来游去。"

---

① 浅野泉邸：广岛的一处园林名胜，本名缩景园。

"燕子被烧掉了羽毛，飞不起来了，只能一跳一跳地在地上蹦跶。"

"等我回过神来，跑出去一看，战友们还站在那里，保持着敬礼的姿势。我'喂！'了一声，一拍他们的肩膀，没想到他们就稀里哗啦地散了架。"就这样，士兵们瞬间化作灰烬。"在一个患病士兵的家里，年轻的妻子抱着孩子，被夹在大木头中间。隔壁大叔想救她出来，可光靠一两个人的力量怎么也救不出来。'哪怕把孩子救出来也好啊！快！快！''不！让我们娘儿俩一起死吧！反正，我男人也死了，留下这个孩子……大叔您赶快逃命吧！'"有的母亲宁可自己烧死，也要让孩子活下去，跟这种自我牺牲精神相比，这位年轻母亲的选择更加震撼人心！

"还给受害者发了粮食。老太太的孙子也排在领干粮的队伍里。前面站着一个一丝不挂的姑娘。她接过5人份的压缩饼干，就突然倒在地上，一动不动了。"

"那时，还滋生了一种吸人血的苍蝇。谣言四起，说这个地方75年草木不生，所以，人也住不得！"

"人们正庆幸捡了条命，却发现身上到处是斑，头发全部掉光，不久也都死了。"

"三泷作业班的老板娘做了植皮手术，把屁股上的一块皮肤植到烧伤的手上。虽然死了丈夫，她还是顽强地坚持干活。直到现在，一到秋冬天气，后植的那块皮肤还经常抽搐，疼得厉害。"

老爷爷死于全身衰竭之后，"剩下老奶奶，开始天天画画。

那画可漂亮了，色彩靓丽。直到今天，老奶奶嘴里还念叨着'轰隆一声，山崩地裂啊！啊，不对，人要不扔，原子弹咋会掉下来呢！'。她一边说着，一边还画着鲜红的花朵和可爱的鸽子"。

这本小画册，不仅真实地记录了原子弹，而且，它还具有某种魔幻般的魅力，出版后受到了很多读者的青睐。可是，同年夏天，在广岛策划的另一本书，虽然已经印刷、装订成册，但最终却没有发行。美国占领军认为，这本书对原子弹轰炸的实况描绘得过于逼真，是反美书籍，禁止发行。1950年，就是朝鲜战争爆发的那一年，一位美国记者访问广岛，向失明的原子弹受害者提出了这样一个问题："如果现在扔两三颗原子弹到朝鲜，肯定就能结束这场战争。作为原子弹轰炸的经历者，你怎么看？"

那本禁止发行的书原封不动地堆放在广岛市政府的仓库里，直到今年4月才被发现。现在，广岛市计划重印这本书。这本书非常适合在遭受原子弹轰炸后的第20个年头重新发行。当时的编者写了下面这段刊行词：

> 这是5年前广岛惨痛体验的部分真实记录。应征投稿的160多篇作品，每一篇都饱含血泪，我们考虑到轰炸时的环境、实况和距离等因素，选录了其中18篇一字未改的文章，然后，又摘录了16段独具特色的片断。其他稿件，将作为和平城市广岛的财富保存在即将落成的和平纪念馆里。
>
> 广岛人经受了史无前例的一场浩劫，在各种灾难和悲痛

的深渊中活了下来，并最终站了起来。这些神圣的手记，就当作是来自天上的和平的控诉，在两大阵营相互对立的狂风暴雨中，让他们的子子孙孙去倾听吧！

实际上，这些手记的创作时间是在遭受原子弹轰炸后的第三年。164位广岛市民，是在何种意志的支配之下把那段悲惨的体验写成文字，并希望以后能让他人间接地重温这些体验呢？有一位广岛文理大学的教授在距离爆炸中心2000米的地方遭受了原子弹轰炸，从他留下的文章中可以清楚地看到赤裸裸的真相。

已经烦透了战争，已经烦透战争了——这是亲身体验过广岛原子弹轰炸的人发自心底的痛苦的呐喊，是用文字和语言都难以表达的、希求和平的真正的呐喊。我要告诉全世界，无论如何，再也不能让世界上的任何一个人去经历如此残酷的体验。No more Hiroshimas——这个标语不应该在太田河畔和平塔附近孤独地低声回荡，而应该高高地悬挂在当今国际形势的最高处。

这篇文章表达了原子弹受害者的一种普遍心态，为了彻底补偿他们在原子弹轰炸中经受的悲惨遭遇，他们将立志确保今后决不再把如此残酷的体验强加给人类。同时，它还告诉人们，作者认为3年过去了，但原子弹受害者发自心底的呐喊似乎还只是

"在太田河畔和平塔附近孤独地低声回荡"。

有一个少年，遭受原子弹轰炸时刚好上小学三年级。当时正好赶上学童疏散，他好不容易捡了条命。原子弹夺去了他父亲的生命，并让他的母亲和弟弟都受了伤。他在文章中这样描写原子弹："原子弹，原子弹，这个原子弹才是夺去我父亲生命的恶魔！但是，我不能恨原子弹，正因为它，广岛才站了起来。No more Hiroshimas！ No more Hiroshimas！那些被原子弹炸死的人，也可以说是为了我们而牺牲的。他们的牺牲是珍贵的，在这些珍贵的牺牲者的佑护下，我们应该沿着追求和平的道路，勇往直前！"

由此可见，美军占领期间，在广岛进行初等、中等教育的教师们是怎样试图把原子弹造成的悲剧正当化，同时，也可以清晰地看到这个少年把过于沉重的矛盾的种子塞进自己的小脑瓜时所做的激烈的思想斗争。对这个少年来说，不管有什么样的辩解理由，原子弹都是不可原谅的。然而，他却写道："但是，我不能恨原子弹"，这一行文字顿时让我们心如刀绞。

这里收录的关于20年前那个最可怕的夏日早晨的记录中，贯穿始终的、最具特征性的东西，就是遭原子弹轰炸后市民的沉默。一个不可思议的巨大怪物瞬间称霸城市，对此，受到伤害的弱小市民的基本反应是茫然不知所措的沉默。这不是很自然吗？

有一个统管燃料分配的合作社工作人员，尽管原子弹轰炸时，他距离爆炸中心只有100米，但碰巧的是他去了地下室。于是，他成了同事中唯一的幸存者。他看到"大家都坐在石阶上，聚成一堆。有个女的说，她的一只眼睛开始看不清东西了。有个男的说，他感觉很恶心。还有的人说头痛。大家都负了外伤和内伤，但是，却没有人因痛苦而呻吟，大家几乎都沉默着不说话"。

比所有沉默都要残酷和彻底的沉默，就是人类发出来的"无言的呻吟"。一位妇女这样记录："管它是树，还是石头，我都跳了过去，发了疯似的朝鹤见桥的方向跑过去。我在那儿都看见了什么啊！无数的人在桥下的河水里蠕动，连是男是女都分不清。大家都是灰头土脸的，脸上的皮肤都剥落了，头发一根一根直立着，两只手在空中乱抓，嘴里发出无言的呻吟，争先恐后地往河里跳。"

还有一个年轻姑娘的记录，呈现出更为复杂的心态，更清楚地表现出深藏在原子弹受害者内心深处的沉默的性格。"对面的水泥墙到处都开着大口子。下边好像坐了一排矮小的身影，我就凑到跟前，一看，他们几乎都是一丝不挂地光着身子挨个坐在那里，根本分不清男女老幼。就像预先商量好了似的，面部和身体都肿了起来，成了褐色。有的人眼睛被炸瞎了。有一个人抱着一个后背受伤的幼儿，那孩子身上的皮肤整个都耷拉下来，就好像把发黑的枇杷皮给剥下来一样，我不由得背过脸去。大家都一动不动地坐着，沉默得令人害怕，看上去都是生死难料的样子。一想到要跟这些人一起坐大卡车，我就感到毛骨悚然！"

但是，她那羞答答的利己主义也就持续了一小会儿，很快，她就失去了知觉。过了整整一昼夜才苏醒过来。她说："我的眼睛看不见了，想抬手，可是右手很沉，根本不听使唤。我用左手指尖轻轻地摸了一下脸，前额、两颊和嘴成了一个大肿块，就像豆腐和魔芋捣烂了拌在一起似的。鼻子也跟没了一样，扑哧冒泡似的肿起来了。我猛然想起石墙下那些妖怪似的人，不禁浑身发抖。"就在这一瞬间，她也只能加入到那个阴郁、沉默的队伍之中。

而且，这个姑娘心里也产生了和广岛原子弹受害者之间的连带感。她没有害怕地退缩，而是跟原子弹受害者同伴们一起面对命运的挑战。"有一年，听说原子弹受害者诊疗团要来，我就去了那家医院。然后，我就加入到带着各种原子弹伤痕的人群中。有个'三次奥'的40岁左右的妇女，眼睛和嘴巴都被伤疤拉扯得变了形，脸上的瘢痕让她变成了一个丑八怪，没人敢正视她的模样。还有一个未婚的年轻姑娘，她美丽的脸庞，以中央为界，从脸颊到头部，有半边脸都是黑红色的瘢痕，脖子似乎也很难自由活动。还有一个人，他的手有三个手指都粘在一起，变得又小又直。我们聊了很多，但话题都离不开战争的残酷、生活的不幸和无尽的悔恨，还为此流下了热泪。跟他们比起来，我还算是好的，我也说不出什么安慰的话，只觉得心痛和哀伤。那幅场景，仿佛烙在我心上一般，叫我至今都无法忘怀。难道就没有什么办法了吗？在生命结束之前，这些人恐怕一直都要在黑暗中度过余生。"

有一个17岁的少年，被动员到市郊工厂去劳动。他冒着黑雨，想要到破坏殆尽的广岛市去寻找亲人。在返城的路上，他

"听到了被活埋的孩子们微弱的呻吟声，受到震撼"，就地参加了救援活动。还有一个中学教员的手记，记录了他终日忙于救助学生和处理尸体的经历。在结束了一天沉重的劳动之后，他写道："在微微透过来的篝火的阴影之下，是排列整齐的尸体和同样面部肿胀、衣衫褴褛、痛苦呻吟或酣然入睡的人。有两三个学生，已经送到救护所去了，剩下的人，要用船送到似岛和宫岛线沿岸的医院，确认他们可以在那里得到治疗。4点半，把这里的所有事情都交给了救护队之后，我们就到广濑桥那边去接一个在那里等我们的学生。如果可能的话，我们想把他也托付给那个救护队。但是，我们赶到那里的时候，却只发现一具陌生老人的尸体。我们四处寻找，都没有发现学生的踪迹。我们四个人，沉默无语，返回了学校。天近黎明，在晨星的微光下，还有一根门柱没被烧掉。在这根仅存的门柱背后，我们背靠背地睡着了。"筋疲力尽、沉默无语的老师们，进入了苦涩的、苦涩的梦乡……

　　那164位给《原子弹体验记》寄来手记的广岛市民，现在过着什么样的日常生活呢？他们中有多少人还健在呢？写完手记，一晃已经过去了17个年头。为了给痛苦的经历以补偿，记录下个人自我的价值，为了在受尽折磨的人生中寻找出一点积极的意义，他们发出了真实的呐喊。可是，直到今年春天，他们的呐喊都被当作死掉的书籍，像废纸一样堆放在广岛市政府的仓库里。164位原子弹受害者，不顾身心剧痛，高声呐喊，可是，一只大手却堵住了他们的嘴。再乐观的人也很难有理由相信，为这本书提供手记的市民有半数以上仍然健在。那些在今年春天之前已经离开人世的人，他们曾经大声呐喊，却被迫打上沉默的封印，真是死不瞑目。他们的未竟之志，又有谁能给予圆满的补偿呢？

《广岛札记》的创作也接近尾声。1963年夏我到广岛访问，第二年夏天我再次访问广岛，并有了创作这本札记的念头。我曾打算给这本札记加上以下这些标题，可以说每个标题都表达了我的写作目的。

　　　　"在广岛思考人性"

　　　　"我们心中的广岛"

　　　　"如何在广岛活下去"

我在去年出版的小说《个人的体验》的广告中，曾这样写道："我要用最基本的锉刀，重新锉一下进驻我语言世界里的各种主题。"基于同样的想法，我创作了跟广岛有关的一系列随笔。广岛才是我最基本的、最坚硬的锉刀。我把广岛看作是我这种基本思想的表达，并希望以此确认我是一个日本的小说家。

我初次访问广岛是在1960年的夏天。那时，我还没有真正地理解广岛，但我当时就有一种真切的预感。我在《中国新闻》发表了一篇文章，其中有这样一段："今天，我来广岛参加原子弹受害者纪念大会。对我来说，这是一段宝贵的体验。现在我已经感觉到了这一点，它的分量越来越重，并深刻地影响了我。在这15年时间里，我迎来了青春，如今只来得及抓住它的尾巴。我想，我应该更早些去广岛，越早越好。不过，就算是今年才去，也为时不晚。"

这个预感真的应验了。5年后的今天，广岛成了我心中最沉重、最具支配力的存在。我经常做噩梦，在梦中，我感到胸闷憋气，非常难受。我梦见，盛夏，骄阳似火。广场上，一个身材矮小、身穿睡衣的中年男子，用力抬起阿波木偶似的脑袋，神色紧张地站在那里，用细若蚊蝇的声音在那里演讲。梦境中的我，听着他说话，心里却明镜似的知道，几个月之后他将死于原子病导致的全身衰竭。

虽然我没有勇气把我在广岛看见的（尽管只是游客的走马观花）人间悲剧，包括那最令人绝望的东西颠倒过来，让它产生正面价值，但是，它不时向我清楚地展示出日本人的人性的尊严之所在。

在这片土地上，最坏的绝望和无可救药的疯狂的种子在不断地萌芽滋生。但是，我却见到了不屈的人，我听到了有关战后出生的温柔姑娘和奔跑在无法救赎的残酷命运轨道上的青年之间同生共死的故事。尤其是在那些没有确切希望的地方，我反而经常听到一些头脑清醒、始终抱有脚踏实地志向的人的声音。我觉得我在广岛找到了思考人类正统性的具体线索。在广岛，我也亲眼看到了人类最不可宽恕的欺骗。但是，我所能看到的一切，跟那个隐藏在暗处的、无比巨大的、最可怕的怪物相比，不过是冰山一角而已。

在《广岛之河》第十一期上，奥田君子写道："有好几百人被烧得只剩下破衣烂衫，拖着双腿，挣扎着来到诊疗所。我想跟他们打听一下当时的情形，大伙异口同声地说：'一道闪光，轰的一声，房子就都倒了，人也变成了火球，搞不清是咋回事。'我们出神地听着，那情景不知如何形容才好。话刚说了一半，他们就一个个地倒地身亡。这情景，只能用《往生要集》来形容。"

《往生要集》。在人类历史的长河中，有形形色色关于世界末日的噩梦存在于民众心中。宗教神话中，曾经隐藏着世界末日的景象，到了20世纪后半期的今天，则由科幻小说将其继承。在科幻小说所描写的世界末日里面，最可怕的场景就是：先是人类的血液和细胞遭到了破坏，然后，所有人都变得奇形怪状，最后，人不再是人，变成了异形。发生在中世纪的瘟疫和战乱，无疑让人们看到了世界末日的真实情景，不过，在他们内心的某个角落至少还留有想象的空间。这些民众会想象，在他们不幸的背后有上帝的存在；当他们灭绝之后，其他民众还会去耕田捕鱼。我总觉得，19世纪之前的世界末日观带有一种缓期执行的感觉。作为人，他们至少会以人的形象和人的名义去迎接世界末日的到来。

但是，一旦放射线破坏了细胞并影响到遗传基因，明天的人类就应该不再是人，就有可能变成异形。这不正是最黑暗、最可怕的世界末日的情景吗？ 20年前，发生在广岛的那场大屠杀充满了绝对的恐怖。事实上，在那里，只有那些无法称其为人类的、血液和细胞都被破坏了的种族才能继承我们的文明。这场大屠杀也许就是真正的世界末日将要来临的最初预兆。隐藏在广岛阴暗角落里的最可怕的巨大怪物，就是发生这种悲剧的可能性。5年前，我第一次去广岛的时候，把我在原子弹资料馆看到阿拉伯婆婆纳和繁缕的叶子时感到惊恐不安的情景写到了文章里。这两种可爱的二年生草本植物，在遭受原子弹轰炸后的广岛的土地上依旧发芽生长，但是，它们的本质却遭到了破坏。它们受到破坏的印象，至今仍压得我喘不过气来。要想把破坏到那种程度的东西完全恢复过来，是绝对办不到的。如果人的血液和细胞被破坏到那种程度的话，那也就意味着世界末日的到来。当我们对世界末日的情景具有正当想象力的时候，金井评论员所说的"受害者的同志"就不再是一个任意的选择了。对我们来说，要想活得像个正常人，就必须要做"受害者的同志"。

　　我要参加"原子弹氢弹灾害白皮书"运动。而且，我要和以原子病医院重藤院长为首的人站在一起。这些人真正体现了广岛的思想，他们从不绝望，也绝不抱过度的希望。不管处于哪种状况，他们从不屈服，每天坚持工作。我把这些人看作是遭原子弹轰炸后最正统的日本人。我愿意和这些人站在一起。

1965年1月至5月